OMUP ブックレット No.65

現代社会を生きるキーワード 3

鈴木 利章 編

本書のキーワードについて

この社会に感じる違和感や閉塞感。
その正体は何か。

本書で取り上げたキーワードを手がかりに、
その答えを探してみませんか。

入り口は10の扉。
関心のある扉から、どうぞお入りください。

はじめに

本ブックレットの第一冊が出版されたのは二〇一二年九月、第二冊が二〇一五年三月、第一冊より早や七年の歳月が流れました。思えば、ジャスミン革命とかアラブの春と騒がれました世直し革命も、エジプトでは、軍事政権が、リビアでは、混沌たる無政府状態が、シリアでは、凄惨な「イスラム国」が産み落とされました。しかしその後二〇一九年三月、まわりから寄ってたかってつぶされましたが、その直後豪州人白人至上主義者による、ニュージーランドの中核都市クライストチャーチのヌールモスクで金曜礼拝中の信者五一人の銃による射殺事件を生み、その反動がスリランカの最大都市コロンボでの、イスラム過激派による、教会への連続爆破テロ二〇七人死亡事件につながってゆきます。二〇一九年六月一四日朝日新聞によると、NZ銃乱射事件の被告は無罪を主張、これら事件の奥深さに気が遠くなる思いです。現状打破が見事だった故、楽観論も潰え去り、予想だにしなかった成り行きに戸惑います。歴史家が未来を論じてはいけないという冷徹な教訓が骨身にしみます。「阪神も東北も揺れ九州も」(朝日川柳二〇一六・四・一六)の指摘のごとく、一九九五年一月一七日阪神淡路大震災の一六年後、超巨大地震東日本大震災が、更にそのあと始末が殆ど終わっていない内、二〇一六年四月一四日熊本大分で、余震が本震より大きく、しかも本震紛いの余震も群発するという前代未聞の地震が多発、天災は忘れない内にやってくるようです。格差社会の存在も、人類史が続く限り問題です。二十世紀になり、平等を国是とし、人民とか民主主義の名をつけた国家が、現在みごと世襲王朝と見紛う独裁国家に変身、その上平気で平等を抑圧するのを見れば、絶望なる言葉が頭をよぎります。タックスヘイブン(租税回避地)や『パナマ文書』など、まずしい民はますます貧困にというのが、経済の古くて新しい永遠に確実につづく法則なのでしょう。南米アルゼンチン出身のローマ教皇が、さすがに格差問題に厳しいのは、一服の清涼剤になりますが。「国境なき記者団」は、「報道の自由度ランキング」で、日本は一八〇ヶ国の内、一二年は二二位、一三年は五三位、一六年七二位、報道の自由が損なわれてきているのも気になります。

二〇一七年本命と思われていたクリントン女史を破り米大統領になったトランプ氏の、思い切った型破りの政策を見るにつけ、勿論計算上の行動だとは思いますが、正直な所不安を感じる場合もみられます。そのかれが、制度上世界で、核兵器発射のボタンに最も近い存在と思うと、もちろんまさかとは思いますが、心が穏やかでないのは、筆者のみではないのではと愚考します。二〇一九年一月三一日朝日朝刊によれば、一九八六年七万発あった核兵器は、「ただストックホルム国際平和研究所によると、まだ約一万四五〇〇発が存在する」とのことですが、これ以上気になることは、インド、パキスタン、イスラエル等は、NPTに入らないで、極秘に核兵器を開発中であり、北朝鮮はNPT脱退し、核開発を続けていることです。これに探査機「はやぶさ2」が、三・四億キロ離れた目標の、半径三メートルのエリアに到着するのだから、ホモ・サピエンスのサピエンスが正常に機能することを信じないと、おちおちと生きておれないということです。

歴史家として、どうしても納得できないことが、二〇一八年に発生しました。大阪市の森友学園の補助金不正事件に関する公文書の改ざん事件です。公文書とは、主権者がその後正しい情報を得るための、重要な資料であり、それをゆがめることは、民主主義の根幹を否定することになる重要な犯罪です。出来うれば、下書きまでも残されれば、政策決定の細部まで目を通せることになり最高ですが、ここまでゆけば、その資料の保存の問題が大きく浮上してくる故、最低正式に決定した文書は保存すべきでしょう。

第三冊は、八名の先生に御賛同いただき、「現代の生きづらさ」を共通のテーマに、お書きいただきました。そのきり込み方等それぞれ個性があり、御賞味いただければ幸いです。

なお最後に一言。本書の編集同人のひとり大島浩英氏には、本務校の入試委員長の激職にもかかわらず、編集の労をお執りいただき、感謝に耐えません。

二〇一九・七・五

鈴木利章

傾聴

戦争のオーラル・ヒストリー

沈黙のあと、その人は話し始めた。「私と母は、原爆が投下される少し前に広島を逃れて助かっています。そのとき三歳の私に、ほとんど記憶はありませんが事実です。このことは、母から口止めされてきました」その人は戦争のさなか、一九四二年の春に生まれている。小さな命に、雅子と名付けたのは父親だった。

ヒロシマの家族

彼女が誕生する前の年に、両親は広島で結婚式を挙げた。母は二四歳、父は三〇歳だった。式を終えた二人は汽車に乗る。母は、黙ってついて行ったと言うが、京都に宿を取り、観光の川下りを楽しんだ。着物の上からカッパを羽織り、水しぶきを浴びた。長旅を終え、横浜の新居にたどり着いた母は、甘い香りに驚いたという。父は、机に林檎を山のように盛りつけてから、花嫁を迎えに行ったのだ。

広島の女学校に通った母は、こんなエピソードを残している。親しい同級生が教員免許の試験を受けようとしたが、身長が低いために受験資格が無いとされたとき、ただ一人、抗議したというのだ。母も小柄な人だった。

雅子さんが生まれる前に、横浜に遅雪が降った。おかげで実家の祖母が広島から持ってきた牛肉を箱に詰め、庭先の雪に埋めて、しばらく保存できたという。ごちそうが長く食べられて、とてもありがたかったそうだ。

そのころ父は、地下室のような所で設計図を描いていたらしい、としか伝わっていない。軍の船舶に関わる仕事で、会社の様子も出張の行き先も、母に伝えなかったからだ。静かに本を読み、尺八を吹くことを好んだ。

やがて、両親に手を引かれ外出できるようになった雅子さんが、東京銀座の三越百貨店に立ち寄ったときのこと。玩具売り場に並ぶ「小さな乳母車」が、彼女の目にとまる。乳母車から離れようとしない我が子に、両親は根負けした。その時のことを「お父さんの月給が百円くらいのときに、七円か八円もして、高い買い物じゃった」と母は記憶に刻む。

雅子さんが二歳になった年の暮れ、空襲が激しさを増す。年が変わると市街地へ焼夷弾が投下され、夜空は赤く染められた。横浜市鶴見区に住んでいた一家は、疎開を決断した。父だけは横浜に留まったが、母と娘は広島へ里帰りすることにしたのだ。

広島市街の西を流れていた福島川のほとりに実家はあり、母の両親と妹四人、弟一人が暮らしていた。樫の木を加工する木材工場の約千坪の敷地には、工場と家族の住む家が建っていた。その敷地の広場は、たちまち雅子さんの遊び場となる。横浜から持ってきた、お気に入りの「小さな乳母車」に人形と木の切れ端を積んでもらい「マキノ　ハイキュウデース（薪の配給です）」と、かわいい声を張り上げて歩き回った。

やがて梅雨が明け、母が子供用の夏服を作るためにミシンを借りる相談をしていた所へ、何の前触れもなく父が現れて告げた。「とにかく一緒に横浜へ帰ってくれ。理由は聞くな」その手には、切符が用意されていた。

「君はいったい何を考えているのだ」と祖父はしかりつけたが、説得に応じる父ではなかった。最後の最後まで引き留めた祖母の「狂ったような泣き声とゆがんだ顔は、今も忘れられない」と母は振り返る。

幸い、横浜の住まいは無事だったが「小さな乳母車」を想い出して泣く雅子さんは、母を困らせた。

一九四五年八月六日午前八時過ぎ、広島市の上空に原子爆弾は投下され、閃光を放つ。母の実家は爆風で倒壊し、焼失した。祖母は、洗濯物を干した直後に倒れた家の下敷きとなり背骨を折ったが、一命はとりとめた。祖母以外の家族は、それぞれ仕事や作業に出ていたが、爆心地から離れていたり建物の陰にいたために助かっていた。

敗戦により、父は退職する。その人柄を気に入った祖父が、木材工場を再建するために協力を求めたのだ。

雅子さんは、広島の子供として育つ。

記憶の封印　お盆や正月が来ると、母の実家にはたくさんの親戚が集まってきた。

その日も、台所では祖母と母が料理の腕を振るっていた。次々とごちそうができあがり、中学生になった雅子さんはお盆を手に、台所と座敷を何度も往復した。母のお得意はちらし寿司で、錦糸卵と海老そぼろと穴子が美しく彩られていた。座敷は男の人たちがタバコを手に談笑し、台所は女の人たちのおしゃべりでにぎやかだった。

そのとき、叔母の一人がポロッと「雅子ちゃんが、こうして生きていられるのは『東京の叔父さん』のおかげよ、ちゃんとお礼を…」と口にしたのだそうだ。しかしその言葉が終わるまでに、母は叔母をだまらせた。雅子さんは、聞き返すこともせず、お手伝いを続けたという。彼女が台所を離れると「あの子がねんだほり（詮索好き）でなくて良かった」と叔母たちは安堵したそうだ。

以来、母は折に触れ、父と叔父のことについて話してくれるようになった。

「東京の叔父さん」とは、いとこのお父さんのことだ。夏休みになると、都会の服装と髪型をした三歳年下のいとこは、叔母に連れられて帰ってきた。雅子さんは、その子と一緒にスイカを食べたり、花火をして遊んだ。叔父は、かつて東京の陸軍司令部に勤務していた。所属は不明で階級は少佐だった。母が結婚した二年後に、母の次の妹は、その叔父に嫁いでいた。

原爆の投下後「僕は行けないから、広島の様子を見てきてほしい」との依頼が叔父から伝えられ、雅子さんを連れた両親は、広島郊外の父の実家に戻り、そこを拠点に母の実家と親戚を訪ね歩いたという。

父も叔父も、一切を語らずに戦後を生きたが、事情を知る身内の人たちは「雅子ちゃんのお父さんは、一人暮らしが寂しくなったので、広島まで二人を迎えに行ったことにしておこう」と口を合わせたそうだ。

その後、婚約した雅子さんが、未来の夫と親戚への挨拶回りをしていたときのこと。帰り道で、向こうからやってくる「東京の叔父さん」と偶然にすれ違ったという。その場で結婚することを伝えると、叔父は優しく微笑んで「幸せになりなさいね」と声をかけてくれた。その言葉の響きは、今も彼女の耳に残されている。


雅子さんからの聞き取りを始めるに当たり、オーラル・ヒストリーとして文章化しても良いかを確かめた。すると「かまいません。私は原爆投下の時刻は、いつも外で遊んでいたと聞いています。そのまま広島に留まっていれば、私はこの世に存在しません。二人の娘も孫も、生を受けることはできませんでした。たとえ父と叔父のしたことが秘密だとしても、こうして私が生きているのは事実です」と、きっぱり答えた。

「ただし、ぜったいに怖く書かないで下さい。必ず、優しく書いて下さい」と念を押された。


この春休み、雅子さんと母が過ごす部屋を、雅子さんの次女と小学四年生になる孫娘が訪ねてきた。南向きの窓から、大きく枝を広げた桜が見える。久し振りに親子水入らずで花見を楽しんでいると、雅子さんがいつも頼りにする看護師さんから、近所のお肉屋さんのコロッケがちょうど人数分届けられた。せっかくなので、冷めない内にいただきましょうとテーブルを囲んだら、真っ先にカレーコロッケを口にした孫娘が、その辛さに驚く。思わず「からーい。おばあちゃん、これ食べてー」と雅子さんに向かってコロッケを差し出した。そのあどけないしぐさに、みんなで大笑いしたそうだ。窓の外では、桜が雪のように舞っていた。

告白の理由　ここまで、戦争の時代を生き抜いた家族の物語を記してきた。

それは「絶対に、人に話してはいけない」と念を押して伝えられた記憶である。母は、我が子が自らの生い立ちに疑問を感じたり、口外することのないように自身の知ることを伝えた上で、封印させたのだ。

母の憂いを裏付ける話がある。戦後、母はある知り合いからこんな言葉をかけられたという。

「あなた、原爆が落ちたとき広島にいなくて、その後もどっただけで手帳が受けられて良いわね。私なんか、満州（中国北東部）から引き上げてきて苦労したのに、何の保証も無いのよ」

雅子さんは結婚してから後に、その手帳（被爆者健康手帳）を取得している。理由は、彼女が二人目の子供を出産後に亡くしたことで健康上の不安を感じたからだ。両親は既に、手帳〈原爆投下後二週間以内に、爆心地から約二キロメートル圏内に立ち入った入市被爆者として〉の交付を受けていたが、彼女は申請を保留していた。それは、彼女が健康であったことに加えて、婚期の近い女性は、被爆者であることを伏せる風潮があったからだ。

この告白の朝、雅子さんは日傘を差して来院した。母の介護を続ける雅子さんは、私の鍼灸院に通院していた。およそ一時間の治療は、いつも何気ない会話が交わされる。しかしその日は、三日前の広島平和祈念式典に話題がおよんだ。彼女が広島の出身と知っていた私は「今年の平和式典は（その前に）オバマ大統領が来ていたので、ずいぶん雰囲気が違いましたね」とテレビ中継の感想を投げかけていた（二〇一六年五月二七日広島訪問）。

その問いかけに、彼女は告白した。驚いて、まともな返事ができなかった私は、その発話を書き留めている。

ところが聞き取りを繰り返す中で、あらためて打ち明けた理由を確かめたところ「待合室であの男の人と『原爆を許すまじ』を歌っていたからです」と思いがけない言葉が返された。「ふしぎでした。ほんとに久し振りに歌ったのに、歌詞がすらすら出てきたんです。若いときの記憶って、ちゃんと残ってるんですね」と昂ぶる口調で、その喜びを語った。かつて、彼女は広島平和式典の会場で、その曲を歌ったというのだ。

かの男性は、平和式典に合わせて全国各地から被爆地を目指して歩く活動に参加する人で、京都の合唱団にも所属していた。彼は、折にふれ待合室で歌声を披露してきたが、偶然にも同席した彼女が広島の人と知り「原爆を許すまじ」を、その場で唱和したという。

「たしか、高校一年か二年のときです。朝早くから平和公園に整列して出番を待ちました。そのころの式典は、今みたいに子供代表のメッセージもなくて、大人の人たちが次々と挨拶を読み上げて、その時間がとても長く感じられました。不謹慎だけど、隣の友だちと『はよ終わらんかね』とつぶやいていました。夏休みに入っていたのに制服を着て、木陰もなくて、とにかく暑かったことを覚えています」と笑顔で懐かしんだ。

そして突然「平和式典では二曲歌いました。もう一曲は『雲白く　たなびくところ空のはて…』」と歌い始めた（注一）。その伸びやかな歌声と、遠くを見る眼の輝きは、高校生の彼女だった。

「ひろしま平和の歌」を歌い終えた雅子さんは「オバマ大統領の（平和公園での）スピーチは解り易くて心に響きました。きっと通訳も良かったのでしょう。そのあと、オバマさんと被爆した人との抱擁は、とてもすてきでした。オバマさんが折った折り鶴を、いつか見に行きたいと思っています」と、私の戸惑いを執り成してくれた。

彼女の告白には、音楽の力が働いていたのだ。

対話から傾聴へ　私は、雅子さんの歌声に触れることで「絶対に、人に話してはいけない」事象は、彼女の人生のほんの一部なのだと気付かされた。そして彼女が見て、体験してきた人生の全体を聞かなければ、このオーラル・ヒストリーは描けないと思い至った。

そこで、訪問による聞き取りを願い出た。それまでの治療中の対話では、あまりにも制約が多過ぎたからだ。願いは叶えられる。木漏れ日の映る円いテーブルに案内された私は、彼女の語りに耳を傾けた。

まず、できる限り古い想い出を話してもらうと「母方の祖父に、かわいがられました。手先が器用な祖父は、タバコの箱で『ベー』と舌を出すオモチャを作ってくれました。花札の相手をして、足の裏を踏みました。」さらに「嫁ぐ前の叔母たちと、実家の畑で麦踏みをしました。近所に、荷馬車が繋いであったのを覚えています」と懐かしさを味わうように、記憶が引き出された。

「幼稚園は、まだ無くて行っていません。小学校は、池の横に建てられた木造バラックの校舎で、教室の窓はガラスの代わりに木の板でした。祖父は、その窓を開けて支える棒を作り学校に寄付しました。担任の先生の顔にケロイドがあったのを覚えています。入学式の後、教室で初めて挨拶をされたとき頬の傷を『原爆で受けた』と話されました。若い女の先生でした」と集団生活の最初を振り返った。

そして、小学五・六年の時に同級生だった旧友のことが語られ始めた。「学校まで（広島市の東にある）比治山《ひじやま》から、ABCC（原爆傷害調査委員会）の車が敏子さんを迎えにきました。授業中、そっと呼びに来た先生が合図をすると、敏子さんは教室を出て行きました」それは、戦後の広島の小学生が目にした日常の光景だった。

四歳で被爆した敏子さんは、ABCCで定期的な検査を受けていたのだ。父を病気、母を原爆で亡くした彼女は母方の祖父母に引き取られ、雅子さんの近所に暮らしていた。思えば、母がいつも敏子さんを気にかけて家に招き、姉妹のように過ごした日々が今に繋がる絆を育んだという。

その生涯の友を「今も、お互いの誕生日に手紙をやりとりしています。敏子さんの手紙は字がとてもきれいで、文章も素敵なんです。時々（彼女を紹介した）新聞の切り抜きや本が送られてきます。敏子さんは、求められると自分の体験を話してきました。私、彼女のことを尊敬しています」と誇った。

「広島の人は、原爆のことを話しません」とは、雅子さんの印象的な言葉である。「私が子どものころ、周りの人は家族のだれかが原爆の被害を受けていました。お互いに原爆の話は避けたのです。だから、敏子さんや『語り部』の人たちは、勇気があって偉いと思っていました。」そして「叔父が亡くなり、父も亡くなった時、もう『この話』をしても迷惑をかける人はいないと思い始めました。母も『この話』をしません。きっとあの世に持って行くのでしょう。私、やっと話せるようになったのです」と結んだ。

相互の気付き　五回目の訪問のとき、彼女は「原爆ドームは、若いころ通勤する市電の中から毎日見ていましたが、特別な感情は沸きませんでした。平和記念館は怖くて入れませんでした。でも、吉永小百合さんの（取り組む）朗読だけは、どうしても聴きたくて一人で平和記念館へ行ったことがあります。こうして昔のことを思い出して、目が覚めました。私、これまで戦争や原爆のことを深く考えないように生きて来たと気付きました。話せて、本当に良かったと思います」と心情を明かしている。

この傾聴を繰り返すことで、私は広島の戦後を生きた人のまなざしと息づかいに触れた。私は、その時間の中で、果てしなく広がる平原を感じていた。それは、三歳の子の瞳に映った街の光景なのか。それとも彼女が繋いだ、生命の連続性を示すものであろうか。そう、彼女は命を繋ぎ、そして戦火を生き延びた記憶を証言したのである。

私を、この聞き書きに向かわせたのは、そこに人の営みの悩ましさが提示されていたからだ。彼女の物語には、個人と集団の振る舞い、そして人々の優しさと暴力の両極が浮き彫りにされている。これこそが、社会が変われども、私たちが内包し続けてきた命題であり、生きづらさの根源であろう。

戦後七三年を経て、その体験者からの聞き取りが困難になるとされる。しかし、彼女のように人生を振り返り、心の底に秘めた記憶と、その思いを残したいと考えている人は少なくないはずだ。私は、このオーラル・ヒストリーを叙述する時間を得て、そう確信している。まずは身近な人生の経験を重ねた人と信頼を結び、その語りに耳を澄ませることを勧めたい。この時代に連なる歴史を生きた人からは、後世に伝えるべき体験が語られるであろう。

（外村孝一郎）

（注一）「ひろしま平和の歌」（一九四七）重園贇雄《よしお》作詞・山本秀《みのる》作曲　広島市選定

この聞き書きには、三年を要している。録音機材は使用していない。しかし確実を期するために、対話中のメモを元に記述した文章を、彼女に読んでもらい、私の思い違いや誤りを訂正してもらった。彼女からは、自身の被爆者健康手帳や古い家族写真も提示された。私は、彼女が小声で漏らした「たくさんの方がなくなられたのに、私は助かって生きている」の言葉のあとを、今も聞けないでいる。

不安

SEKAI NO OWARIの楽曲からの一考察

はじめに

SEKAI NO OWARI（以下セカオワ）という日本のバンドがある。二〇一七年、二〇一八年と連続して、NHKが大晦日に放送する紅白歌合戦に出演するなど、日本国内では広く知られた存在となった。セカオワは、二〇一〇年に結成された四人組の音楽バンドであるが、その詩に含まれるメッセージの多くが、希望やロマンに満たされる理想と現実の社会とのギャップを捉え、理想の社会に向けて困難を乗り越えていくにはどうすればいいか、という問いかけを発信しているとも解釈しうる。その一方では、SNSなどネットにおけるコミュニケーションにおいて、その歌詞が「中二病」と揶揄されている。

「中二病」とは、2ちゃんねるなどネットを中心に流布した言葉であり、大人になりきれない＝現実を直視しない大人、という文脈で使われることが多い。では、セカオワの世界観を「中二病」と捉える社会はいかに形成されうるのか。本稿ではセカオワの曲で伝えられる詩から社会を「不安」という観点から考える。

「心が満たされていない何か」という「不安」

『アドスタディーズ』Vol.62（二〇一七年一二月二五日号）の特集が「ダイバーシティー社会を生き抜く、インクルーシブなマーケティング」である。この号を貫くキーワードは多様性であり、一方向に囚われないさまざまな見地からものごとをとらえていくことが企業のマーケティングには不可欠であるということが各論考で取り上げられていた。その中で編集部がオムニバス調査をもとに分析結果をリポートした「人々を覆う巨大な虚無感と閉塞感：日本の社会と世界の将来に対する暗い見方」によれば、社会の将来イメージを問う調査で約八割が日本の将来に対して悲観的な見方をしていることが示された。一方、NHK放送文化研究所が五年に一度実施している日本人の意識調査においては、生活全体の満足度では、「満足している」、「どちらかといえば、満足している」で全体の九一・三％を占めている（NHK放送文化研究所 二〇一五）。

これら二つの調査は相反する結果を示しているのだが、そこから日本の現状、つまり雨風をしのぐ家はあり、空腹を満たす食事はでき、ある程度欲しいものは手に入れることはできる一方で、何か人生において満たされないものがある人びとの存在が浮かび上がってくるのである。新聞の読者投稿を分析し、物質的飢餓感を乗り越えた日本人の新たな飢餓感＝不幸を検討した見田宗介や、見田の議論を発展させた小熊英二の議論である「現代的不幸」からは、「心を満たす何か」が人びとには欠乏していることを示しているのである（見田［一九六五］二〇〇四；小熊二〇〇九）。では、「心が満たされていない何か」をいかにとらえることができうるか。

セカオワを通じてみる社会の「不安」

セカオワの楽曲は、「心が満たされていない何か」を捉える補助線となるのである。生活していてさして不満はあるわけではない。しかし、「心を満たしていない何か」があり、その中で、現代社会の現実とは「ずれた」世界観を楽曲で描いていくのが、セカオワであり、周縁的な考え方を照射するのである。それに対して、アレルギー反応を起こし、アイロニカルな態度で捉える人びとがいることは想像に難くない。なぜならばセカオワは、徹底的に現代社会の現実をずらす「道化」を演じ切るからである。

たとえば、「ドラゴンナイト」という曲では、「人はそれぞれ『正義』があって、争い合うのは仕方ないのかも知れない」、「だけど僕の嫌いな『彼』も彼なりの理由があるとおもうんだ」、その後「だけど僕の『正義』がきっと彼を傷付けていたんだね」という表現など、現在の世界情勢を考えただけでも、解決の糸口が見えてきそうである。日本にも右翼、左翼など思想でさまざまな考え方があり、平和主義的な論調のメディアや人びとを「お花畑」と揶揄する人びとがいる。しかしお互いの「正義」を承認しあうことはそれほど困難なことではないのではないか。

また、「RPG」では、まず、「僕は君を探して一人で歩いていた」、「あの日から僕らは一人で海を目指す」と表現し、「自分探し」の旅にでる。その過程で『『方法』という悪魔にとり憑かれないで『目的』という大事なものを思い出して」、そして、「『世間』という悪魔に惑わされないで自分だけが決めた『答』を思い出して」、と表現することで、自分自身ともう一人の理想とする自分を描き、自分のペースで理想に向かうことができない社会への危惧を表わしている。このことは、自分の将来の目標、夢など「持たねばならない」という「自分探し」が心理的な圧力となる状況に対する「ずらし」であると言えよう。

「不安」を乗り越えて

「心が満たされていない何か」という漠然とした「不安」は、SNSが発達した社会において、意見（価値観）の対立を増長させるのではないか。なぜならば、さまざまな考え方を共有できず、似通った考え方の人びとでコミュニケーショングループを形成するようになり、「エコーチェンバー（Echo Chamber）」が表面化するようになったことはその証左と言えよう。

加えて、一九九〇年代から「自分探し」という言葉が新聞紙上でもとりあげられるようになるほど社会に当たり前に存在する現象となり、小説やさまざまな学門領域においても「自分探し」がテーマとしてとりあげられるようになった。また、学校でもキャリア教育という観点から自己形成を図っていく試みがなされているが、本田由紀が弊害を指摘しているようにキャリア教育は必ずしもすべての若者に有効ではない（本田二〇〇九）。本田によれば、キャリア教育とは、若者に対する為政者の願望である一方で、将来を自分で決めなければならないという規範や圧力により若者に不安を生じさせ、夢に駆り立てようとする。確かに、なりたい自分を思い描いて、それに向けて困難を克服していく過程は、人間形成において有意義であろう。しかしながら、他者からの評価＝人生の成功というメッセージが同調圧力となることが人びとを「不安」に駆りたてているのではないだろうか。つまり、なりたい自分に向けて邁進する＝社会的評価があがる、というメッセージが浸透すればするほどその周縁に追いやられた人びとを「不安」にさせていく状況をセカオワは危惧していると言えよう。

さらにセカオワは、「マーメイドラプソディ」という曲で、「どうか押し付けないで」「わたしは貴方が会いにきてくれる『不自由』なこの場所が好き」、そして「『自由』を唱える人たちは『人魚を海に帰すべき』と言った」、しかしながら「硝子の中から叫んでも何も届かない」。つまり、水槽に入れられていることが好ましいと感じている対象者に対して、その状況を評価する人びとが水槽に入れられている＝自由ではないという一方的な見方が同調圧力になり、結果的にその対象者を苦しめる。従って、周縁にいるその対象者は、社会の一方的な見方にあわせなくてはならないという「不安」が生じることを示唆している。

結びにかえて

本稿ではセカオワの楽曲を通じて、人びとが感じる「不安」を回避するために、社会の一方的なものの見方を「ずらす」意義を照射した。セカオワの楽曲には、「正義」、「自分探し」などアイデンティティにまつわるテーマが描かれている。メディアテクノロジーの進化はエコーチェンバーによるオルタナティブファクト拡散など、人びとが情報を正しいかどうか判断するには困難な時代に直面している。社会を分断するように、「パヨク」、「ネトウヨ」などネットでの言い争いによる考え方の対立が際立って、「正義」とは何であるのかモヤモヤした「不安」。将来の目標を持てずモヤモヤした「不安」、学校や社会の「ふつう」に対する「不安」。その「不安」を取り除く処方箋をセカオワは楽曲を通じて生き方をシンプルに示している。SEKAI NO OWARIの楽曲に込められたメッセージは、今後の社会を考えるうえで一考に値するのではないだろうか。

（中川和亮）

筆者は、大学卒業後、一二年間、広告代理店で営業として仕事にやりがいを感じ、かつ（世間と比べて相対的に）裕福な生活を送った。そのような生活を筆者は「天職」と解釈していたが、「私のしている仕事は、はたして社会の役にたっているか」や「広告の社会的意義とは何か」ということが心に浮上し、その結果退路を断ち研究者の道を選んだ。

これから社会で活躍しようとする学生のみなさんには、「社会からの評価」に囚われることなく貴重な学生生活で、自分自身と向き合って、自分の進むべき道＝「天職」の道筋を見つけていただきたい。

核時代

私家版『人類史または世界史』の序　―ホモ・スッルッス（愚かな人）に捧げる挽歌―

H・G・ウェルズに背中を押されて、やっと自己流の人類史を書けばどの様になるかをひとつ試してみようとの気になった。人類史とくれば、まずは常識として、「直立二足歩行」がその出発点となり、発掘資料も豊かにあり、あらためて論ずるまでもない。しかし小生としては、H・G・ウェルズと同様人間《ホモ・サピエンス》として、もう一つの大切な能力である言語、つまり言葉の発生に出発点を定め、人類史あるいは世界史を書いてみようと思うようになった。サピエンスの中心を占める言語が、人類史の第一章となる。言葉の発生が最重要案件であることは、『聖書』に言及されていることからも自明のことといえよう。新約聖書ヨハネ伝冒頭にある「初めに言があった。言葉は神と共にあった。言は神であった」がそれである。

この主張は知的存在としての人類の最大の特徴をとらえたけだし名言であるが、歴史学の立場からは、この聖書の記述は、それだけでは歴史にはならない。神から与えられたと、歴史では証明できないからである。しかしそれ以降の、ヨーロッパにおける言語起源論の系譜は、互盛夫『言語起源論の系譜』講談社、二〇一四年に詳しいが、基本軸は、神授説とそれへの批判であり、歴史的、考古学的、実証的な主張にこだわる者にとっては、独自に解を求めねばならぬ。筆者の手元にある文献から、少し覗き見すれば、たとえば一三二一年になくなったフィレンツェの詩人A・ダンテの『俗語論』（中山昌樹訳新生堂、一九二一年、十三頁）には、「言語が、アダムを丁度型りたまふた者によつて最初に、アダムに與へられたと信ずる」とあり、やはりまだまだ聖書の主張が有力である。それが啓蒙主義時代になると、たとえば、独の文学者・哲学者・歴史家J・ヘルダーの『ヘルダー言語起源論』（木村直司訳大修館書店、一九七二・八七（五版）三）では、「人間は動物としてすでに言語を持っている。すべての強烈な感覚のなかで最も強烈なもの、すなわち身体の苦痛の感覚と魂のすべての激情は、直接に、叫び声、音、荒々しい未分節の音節となって現われる」とし神とは関係なく、人間自身が神の助けをかりることなく、身《みず》から獲得していったとの主張を見る。このヘルダーの主張が案外的を射ていると思うようになったのは、朝日新聞一九九九年六月二七日『一〇〇人の二十世紀（七六）今西錦司』の記事を此度あらためて拝読した時である。「その年（注、一九四八年）の秋、今西は、川村と大学に入ったばかりの伊谷純一郎を連れて、再び都井岬を訪れた。今度は川村と伊谷が群れと会う。夕方、尾根にいた二人の目の前に、百頭近いサルの集団が現われた。鳴き交しながら尾根を渡ってゆく。「ガ、ガ、ガ」「クン、クン、クン」「クィー、クィー、クィー」…。十種類近い音声を聞き分けた伊谷は、意志を伝えあっているのだ」と直感した。…五二年個体識別に成功した。伊谷は、サルの特徴にしたがって「アカキン」、「カミナリ」、「ヒヨシマル」など命名し、ノートを手に朝から双眼鏡をのぞく日が続いた。縄張りや上下関係があり、それによって秩序が保たれていること。互いにコミュニケーションを取りあい、文化があること…」の一文を読みかえしてからである。最近の科学的、実証的な研究、しかも評判の高い、岡ノ谷一夫『さえずり　言語起源論、新版小鳥の歌からヒトの言葉へ』（岩波科学ライブラリー一七六、二〇一六）や対談小川洋子、岡ノ谷一夫『言葉の誕生を科学する』（河出ブックス、二〇一一）は目下言葉の発生研究の最先端。これらの書物を拝読した矢先、時刻は不定だが、毎日大尾根の一定の場所で一頻り、小鳥がさえずる（ラブソング）ことに気づく。まちがいなく同じさえずりだから意志を伝達しているのであろう。

さらに少し先走るが、この対談では、筆者の構想している最終章を予見しておられるのか、同じような話が紹介されているのには、なんとも驚いてしまった。参考のため、岡ノ谷氏の発言を紹介させていただく。「ここ十何年で惑星天文学がものすごく進歩して地球型が数百あるということで、その中で、どうしてみんなわれわれのところに偵察に来ないのか。これが物理学者フェルミの唱えた「フェルミのパラドックス」なんですよ。このパラドックスはどう解けるかというすごい悲惨な解き方があって「言語を持ってしまうと滅びる」という。これが解のひとつなんですよ」（小川・岡ノ谷前掲書六八～九頁）。紹介するまでもないが、E・フェルミは、一九四六年まで、ロス・アラモスの原爆製造研究所で中心的な役割をはたし、同年シカゴ大学に原子核研究所が設立されるや、そこの教授となり、水素爆弾の開発には積極的に反対意見をのべたが、水素爆弾とは無関係ではなかった。一九四六年の三月、フェルミはアメリカ政府から、原子爆弾の製造に尽くした功労により勲章を授与された。それには次の様な言葉が記されていた。

「本勲章はエーンリコ・フェルミ博士が最大の武器である原子爆弾の発達に関連して、偉大なる責任と卓越せる常識をもって国防省に貢献した偉大な特別の功績に対して授与されるものである」と。

このような時、イタリアにいるフェルミの姉より手紙があり、今誰でもが原子爆弾の話でもちきりで、それをたたえる人々もいるが、よい判断力を持っている人は、ずいぶんと批判的にみているようですとの内容、ローマ教皇も、原子爆弾に対して非難の声明を発表していた。（崎川範行「原子力の火＝フェルミ」『世界の人間像四』角川書店一九六一、三四二～三頁）。E・フェルミは，一九五四年一一月二八日ガンでなくなる。関ノ谷氏の発言「ここ十何年で」が正しいとすると、フェルミの死は少し早すぎるようだ。

枢軸国イタリアの住民E・フェルミを、米国に移住させたのは、A・ヒトラーの、ユダヤ人排斥の動きに、ムッソリーニが屈服したためであったことは、皮肉である。フェルミの奥様ラウーラ夫人はユダヤ人であった。

筆者の構想する人類史は、言語の獲得を第一章とし、最終章は、人類が原子力を手に入れたことで終る長くて短い道程である。筆者は、それを必然とまでは考えないが、現実において、人類はおのれの手に、結果として、地球を思いのままに破壊してしまう凶器を手に入れてしまったことでもって、小生の人類史をとじたい。H・G・ウェルズ　浜野輝訳『解放された世界』（岩波文庫一九九七）二三頁に「かれ（注　ウェルズ）は、原子核分裂に関する科学が、人類にたいして計りしれない恩恵ではなく、日本の二つの都市の破壊をもたらしたことを知って死んだ」ことからも、小生が、ウェルズの『小史』を看板に押し立てる理由でもあった。

このあたりで、H・G・ウェルズとかれの『小史』A Short History of the World について論じておこう。『小史』の初版は、第一次大戦後の一九二二年、小生の手元にあるのは、コリンズ版、一九五三年改訂版である。その邦訳には、古くは、長谷部文雄譯『世界文化史概観』（岩波新書）上、一九三九、下、一九五〇、藤本良造訳『世界文化小史』（世界教養全集一六平凡社、一九六〇）と新しくは下田直春訳『世界文化小史』（角川文庫）一九七一、再版一九九〇がある。なお、この文章を執筆中、下田氏の訳本は、ほぼ同じ型で、講談社学術文庫として出版されていることを知る（二〇一二年初版）。貧しい瀬戸物商の子として生まれ、苦学の後、一八八四年奨学金を得て、後のロンドン大学理学部、当時ロンドンの理科師範学校に入学、ダーウィンの友人で、かの『種の起源』の熱烈な支持者T・H・ハックスリの講義に列し、科学万能の時代を享受し、八八年優等で卒業。理科の教師を経て、ジャーナリズムに転ず。一九〇三年にはフェビアン協会に入会。一八九三年『生物学』の教科書をはじめ、最晩年一九四五年『行き詰りに立つ精神』まで、筆者の確認した所だけでも、一一六冊の著作を出版し、科学と人間の知性（サピエンス）を深く信じ、いや少くとも、第一次世界大戦により傷ついた人類（ホモ・サピエンス）の合理的な進歩を疑わず、あえてその歴史を謳歌したいがために書き挙げられたのが、一九二〇年に出版された大冊The Outline of Historyであった。邦訳は、一九三八年に北川三郎氏により『世界文化史大系』として出版され、ひろく愛読されたとのことだ。筆者が手に出来たのは、一九五七年に出版された、藤本良造『世界文化史―人類と生活との平易な物語として―』（新潮文庫）一巻より八巻（一九五八）であり、少なくとも第二次世界大戦は、R・ポストゲイトの執筆、その他、最近代には、かれの増補がある。この大冊を五分の一に縮小したのが『小史』であり、二年後の一九二二年刊である。

H・G・ウェルズがなくなったのは、一九四六年八月十三日、『小史』の改訂は、一九三四、三八、四一、四五年の四回は本人と考えられうるが、四八年は誰が改訂したのか？　そして五三年版とつづく。それぞれの版を集め、その改訂を跡つければ面白いのだが、それは不可能。五三年版の巻頭にのるE.d.Rの署名がある一文より、第二次大戦にいたる二十数年が、ウェルズに与えた影響をおしはかってみる。偶然、五三年版の巻頭文と同文のものが、前掲の『解放された世界』にも掲載されており、ありがたく、つつしんで借用させていただく。それには、「第二次世界大戦は、人類がみずから生み出した力に対する支配力を失い、情け容赦なく破壊へ突き進むことを彼に確信させた。最後の著作『行き詰りに立つ精神』（一九四五）はかれの決定的な絶望感を示す」（十一〜十二頁）とあり、第二次大戦は、ホモ・サピエンスにふさわしい、理性と科学に裏打ちされるはずであった人類の、明るい進歩をみごと裏切る歴史となった。ホモ・サピエンスを謳歌したH・G・ウェルズ自身の言葉を引用しておこう。小生の手元にある原書二九六頁にある一文だが、敬意を表し、下田直春氏の訳文を拝借させていただく。「その新しい動物は、人類とはまったく違った種族であるかもしれないし、あるいはヒト科の新しい変態として、またヒト門の直接的延長としてすら現われるかもしれないが、しかし人類でないことは確かであろう。」（前掲下田訳書四七七頁）。ここには、H・G・ウェルズを全面的に支えてきた、ホモ・サピエンスとしての人類への失望、いや絶望がみてとれる。小生の手元にあるコリンズ版の巻末にある年表の一九四五年の後半にAtomic bombs in Hiroshima and Nagasakiと記載され、又『世界文化史㈧』一一〇頁の年表に「二個の原子爆弾、日本に投下」とある、この大惨事のウェルズに与えた影響は測りしれぬ。

『世界文化史㈠』の巻末の藤本良造氏の解説（二九六頁）に、「歴史を書こうとしたかれの意図のうらには、『晩かれ早かれ人類は一つの絶対的平和に辿りつかなくてはならない。さもなければわれわれ人類は、とめどもなく増大していくそれ自身の破壊的発明の威力によって滅亡してしまう他はないのである』（同書第五分冊）という戦争への憎悪と平和への熱愛が流れており、しかもその未来への視野のうちにはいち早く原子爆弾のすさまじい威力すらも予言されているのであった。」とある。この解説は重い。又同じ藤本氏の『小史』の解説にも「ウェールズ自身による増補の章（とくに第二次世界大戦から原爆投下まで）の後半の部分には、その厭世思想をうかがうに足るふしぶしが散見できる。」（四九七頁）との御判断で、お訳しになったにもかかわらず、活字にならなかったのは、かさねがさね残念である。

一九一三年ノーベル医学賞受賞者パリ大教授シャルル・リシェが「実は人間を、ホモ・スツルチッシムス（超愚人）とよびたいところだが、最上級の形容詞はやめて、ホモ・スツルッス（愚かな人）ぐらいで勘弁しておこう」（時実利彦『人間であること』岩波新書一七二頁）と述べているように、ウェルズも、人間から形容詞サピエンスを剥脱したのは興味深い。念には念を入れてC.P.Wells ed., H.G.Wells in Love, 1984, p.230からも引用する。

「同年（一九四四）かれは、出版社に『小史』に最後の章（七一章）「行き詰りに立つ精神」を加えるべく、送り、人類には未来はない、ホモ・サピエンスは、恐竜と同じで、きっと死滅すると宣言し、読者をおどろかせた」とある。本文には、これと同じ文章はみつからないが、ウェルズの意見が明解なので挙げておく。なお編者は、文豪の子息、念のため。

同じ時実利彦『人間であること』一六八頁の指摘であるが、「ライオンは、食欲をみたすためにシマウマを倒すが、ライオン同志の争いでは、仲間を決して殺さない。ところが私たち人間は、ホモ・サピエンス（知恵ある人）という同じ種属でありながら、お互いに殺し合いをしている」との一文も重く心にのしかかる。

高校に入学した年に購入した長田新編『原爆の子　廣島の少年少女のうったえ』（岩波書店、一九五二年）は広島で原子爆弾を体験した少年少女の手記を一〇五篇集めたものとして有名である。編者長田氏の、四〇頁にわたる序をはじめ、少年少女の訴えは疎かには読めぬ。八月六日、「廣島の爆撃にいったイノラ・ゲェイ号が基地テニアン島を飛び立つ時、従軍牧師ウィリアム・ドウニー氏はその壮途に対して神の祝福を祈った。」これに対するウォルサー牧師の一文を載せた。その末文は「かかる牧師と同じアメリカ人たることを恥ず」と結んでいる。（一八頁）の編者長田氏の一文は心に重く伸し掛かる。又同書のオビの野上弥生子氏の一文「私は米ソをはじめ、各国の支配的な政治家、軍事専門家たちに誰よりも先ずこの書の一読を勧めたい。」真剣に同感である。もう一冊だけ紹介しておきたい。一九四六年八月出版のJohn Hersey, Hiroshimaである。H・G・ウェルズの死が一九四六年八月一三日ゆえ、ウェルズがこの書物を手にしたかどうかは微妙だが、著名な小説家・歴史家であり、ジャーナリスト、そのうえF・ルーズベルト大統領との書翰のやり取りのあることを考えれば、すでに書いたように、かれは十分に廣島・長崎のおどろくべき惨状は熟知していたと思われる。この書物の読後感として「事実は小説より奇なり、ダンテの描く地獄より残忍」との筆者の気障な書き込み通り、理性《サピエンス》の世界が、完全に雲散霧消してしまった。

一九五四年三月一日米による水爆実験、その環礁より一〇〇マイルもはなれた海上で、第五福竜丸は実験による降灰を受け、半年後同無線長久保山愛吉氏の放射線症による死を迎える。

安全性が担保されている商業用原子力発電も危険性を直視することを常識とさせる事故が一九七九年三月米国スリーマイル島原発で発生した。また一九八六年四月、キエフ北方チェルノブイリ発電所の事故は最悪のひとつである。一九五七年八月二七日午前五時、わが国で〝原子の火〟が点ってから半世紀後二〇一一年三月一一日の東京電力福島第一原発事故は、二〇一九年現在でもまだ解決されていない。これもホモ・サピエンスの行ったことである。今後とも無事であることを祈るのみ。これらが本当に無害なものであれば、広瀬隆『東京に原発を』（集英社文庫昭六一）を生かせばよい。同じく同氏の『ジョン・ウェインはなぜ死んだか』（文春文庫一九八八）もじわっとこたえることではないであろう。

（鈴木利章）

地域活動

自治会活動の揺らぎ

今日、社会問題として子どもの貧困、高齢者の孤独死、空き家の急増、ゴミ屋敷、保育所建設反対運動などが報道されるとき、行政機関の取り組みとともに、地域社会がそれにどのように関わっているのか、についても取り上げられる場合が多い。それは、公共的団体として地域で活動している地縁団体の活動に期待してのことだろう。しかし、私たちは地縁団体の成員ではあるが、あまりその活動内容に関心がないというのが実情ではないだろうか。

そこで、現在の地縁団体を理解するため、その歴史過程や活動内容を垣間見てみよう。

自治会の概念　地縁団体とは地域の一定範囲に居住している人たちで構成される団体で、その地域社会で共同して自治活動を行っている組織を総称したものである。全国に二九万八七〇〇団体ある（総務省調査。二〇一三年四月一日現在）。具体的に使われている名称は自治会、町内会、町会、部落会、区会、区などとさまざまである。一番多く使われているのが自治会で（四四％）、以下、町内会、町会となっている。なお、このなかには、市町村長の認可を受けて法人格をもち、法律上の権利主体として不動産登記などができる認可地縁団体も含まれている。

ここでは、法人格を持たない地縁団体について述べることとし、そのなかで多く使われている「自治会」の名称を使うこととする。

自治会の歴史を振り返ると中世にまで遡ることができるとされているが、現在の自治会の特性を見るうえで、先ず、一八七四年（明治七年）一二月に制定された「恤救規則」（じゅっきゅうきそく）に注目したい。これは隣近所でお互い助け合う隣保相扶を原則としつつ、それで対応できない極貧者は政府が救済するという明治新政府の救貧政策である。この恤救規則は一九三二年（昭和七年）一月の救護法施行まで五七年間適用された。そして、この隣保相扶の精神は美風として住民連帯の文脈で日本社会に根付いていった。

次に注目するのは、一九四〇年（昭和一五年）九月に内務省が制定した「部落会町内会等整備要領」である。これは自治会を国民経済生活の地域的統制の単位とし、市町村の補助的下部組織として位置づけたものである。これにより、戦時下では住民生活に関わる物資の配給、納税、防空施設整備、国債消化などの業務を実践的な公的機関として担った（田中重好一九九〇）。つまり、この時期の自治会は自立的活動を維持しながらも、国の意向を反映した活動を行う国家機構に包摂された住民組織であった（鳥越晧之一九九四）。

戦後になり、占領軍総司令部はこれらの住民組織の廃止を政府に命令し、一九四七年（昭和二二年）一月に「部落会町内会等整備要領」は廃止された。しかし、コミュニティ的な自治会活動は事実上存続した。五年後の一九五二年（昭和二七年）四月、講和条約締結により占領軍の命令は失効し、その後、自治会は行政に住民意思を媒介し、行政効率を高める住民組織として市町村の認知を受けていった（中川剛一九八〇）。

こうして自治会には隣保相互扶助の精神と行政補完機能のＤＮＡが組み込まれ、今日に至っていることを指摘しておきたい。

自治会の役割　ところで、国立社会保障・人口問題研究所が二〇一七年に発表した「日本の将来推計人口」では、二〇四〇年には二〇一五年より人口が約一三％減少し、高齢化率が三五％を超えることを予測している。日本社会は確実に少子高齢化により縮小社会に向かっていることを示した。

縮小社会の現象は、二〇一五年国勢調査で、単身高齢者世帯が一〇年前の約三八七万世帯から六二五万世帯へと約六一％増加したことや、二〇一七年国民生活基礎調査で、児童のいる世帯は一〇年前の約一二五〇万世帯から一一七〇万世帯へと約六％減少し、三世代世帯も約三五〇万世帯から二六〇万世帯へと約二六％減少したことにも現れている。加えて、直近の二〇一五年国民生活基礎調査では、「ひとり親と未婚の子のみ」の世帯の可処分所得が約二二七万円（二〇一五年国民生活基礎調査）であるとした貧困問題も明らかになった。

こうした社会構造の変化により、市町村は現在多くの政策課題に直面している状況にある。

しかし一方で、市町村はＮＰＭ改革の一環として行政改革を進めており、それにより行政職員数は減少しつつある。また、人口減少に伴い、今後も職員数は減少し続ける見込みだ。そして、政府機関は地方の財政状況の厳しさ、「公共」の守備範囲の変化を背景として今後従来のような公共サービスの提供は困難になる、と広報している（総務省・新しいコミュニティのあり方に関する研究会）。

こうして、市町村は行政ではカバーできない新しい公共分野について、自治会が取り組むことを望み始めた。

また、自治会は住民を統合していることから、市町村はこれまでにも自治会を地域の意見表明組織としても位置付けてきた。例えば、住民参加の一環として都市計画法では、道路、公園、保育所、ごみ焼却施設などの都市施設を建設する場合、住民に意見を求めることが規定されているが、自治会に意見を求めることで、住民の意見を聴取したと見做す場合などである。もっとも、これには住民参加の形がい化であると識者は指摘している。

さらに、市町村は自治会を、例えばゴミ捨てなどの生活ルールの周知、子どもや高齢者などの安全確認、バスツアーや運動会の開催など住民生活や住民関係を円滑にする住民組織として位置付けており、広範なコミュニティ活動の実施を支援している。

自治会活動の特徴　このようにさまざまな役割を担う自治会であるが、その活動内容は包括的である。これを菊池（一九九〇）は、自治会活動の態様から共同生活機能に着目して対内面と対外面に区分し、さらに対内面では生活充足（地域施設維持、アメニティ維持、危機管理）と地域統合（住民交流、諸集団調整、合意形成、規範維持、地域代表）の八機能に、対外面では対コミュニティ（補完、発展）と対行政（補完、圧力、参加）の五機能に再分類して整理している。

この分類を参考にしながら、複雑多岐にわたって活動している今日の自治会を鳥瞰的に理解するため、その機能を大きく四つにパターン化して特徴をつかんでみよう。

先ず、自治会の歴史過程から自治会が行政組織と協力関係にあったことに着目し、自治会活動と行政機関との関係性の有無をみる。そして、自治会が地域課題の争点を提示して行政機関と連携、対立し、また、地域内での住民間対立を調整している側面に着目し、これとクロスさせてみる。そこで図のようにパターン化して見えてきたのが次の特徴である。

（一）住民運動　先ず、第一のパターンは、行政と関係性があり、争点がある場合の地域活動である。一例として、神戸市の須磨多聞線都市計画事業で見られるような自治会と行政との対立関係をあげることができよう。同事業は一九六八年に都市計画決定され、事業化に向け地元自治会と協議を重ねていたが、この事業に対し、地元自治会から車公害の発生、生活環境への悪影響を理由に反対運動が起こった。

（図）今日的課題に向き合う自治会活動の類型

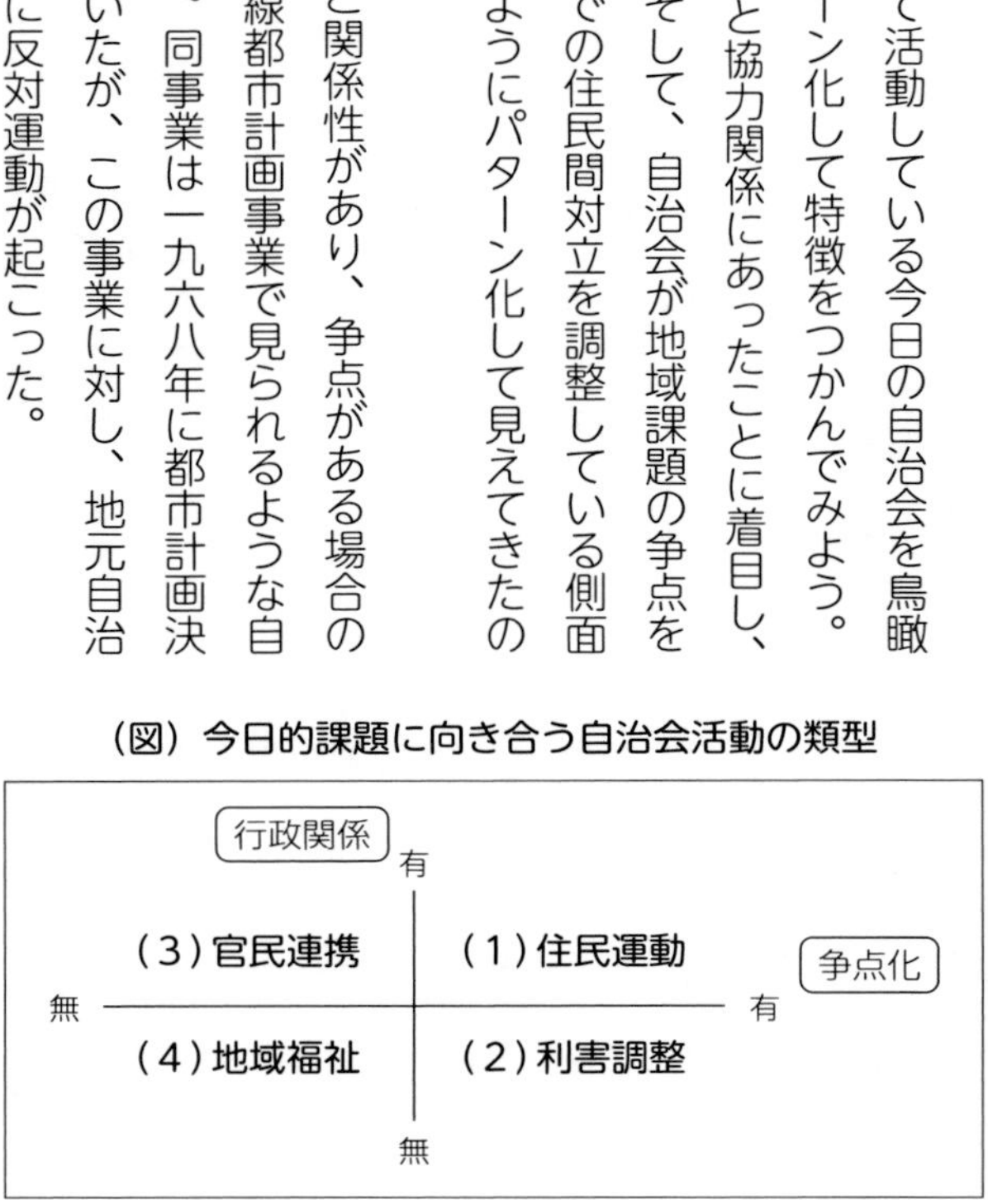

こうした対立事例は、一九八三年鞆の浦（広島県福山市）の港湾埋め立て計画策定に端を発した、港湾景観破壊を巡る推進派と反対派双方の自治会と県・市とで抗争した鞆地区道路港湾整備事業にも見られる。

このパターンは自治会が住民運動を先導し、公共事業の問題点を提示しながら行政と対峙し、また一方では期成同盟会を結成して事業化を主導するなど、事業の成否に影響を与えているところに特徴がある。

(二) 利害調整　次の第二のパターンは、行政との関係性はないが、地域課題の取り組みに争点がある場合である。

例えば、多くの市町村で見られるように、野良猫に給餌する地域住民と糞尿に悩む住民との対立に自治会が関与する事例があげられよう。また、民間開発事業者と自治会との折衝もあげられよう。一例として、滋賀県米原市の河内、柏原自治会が民間事業者の風力発電建設に対し環境破壊を理由に反対したケースがある。

このパターンは、自治会が調整主体として課題解決を図るところに特徴がある。

(三) 官民連携　次の第三のパターンは、例えば、地域での高齢化が進み、バス事業から民営事業者が撤退したことによる公共交通の確保を自治会が行う事例のように、事業化に争点はなく、行政との関係性を持ちながら地域課題解決に取り組む活動である。

福岡県小郡市では民間バス会社が路線を撤退したことから自治会が市から車両の無償貸与を受け、住民がボランティアでワンボックスカーを運転して公共交通を確保している。横浜市泉区では「Eバス」と称して、自治会、行政、バス事業者の三者協議により自治会委託の方式で路線バスを運営している。また、盛岡市では自治会に除雪車を貸し出し、燃料費や少額修理費は自治会負担で、住民が直接除雪作業を行っているケースもある。

こうした事例のほか、市町村から交付金を得て行政文書を回覧板により住民間で供覧する典型的な活動や、災害対策基本法により行う災害時の避難行動要支援者に対する避難支援もこの類型に該当する。

このパターンは、自治会と市町村は対立関係になく、両者が協議を行い、市町村の誘導で自治会活動として取り組むところに特徴がある。自治会が行政の下請け機関になっていると揶揄されるところでもある。

(四)　地域福祉　最後の第四のパターンは、自治会が行政機関から補助金などにより事業取り組みの動機づけを受け、また、行政機関から制約を受けることなく、事業実施上の争点もなく取り組む活動である。

このパターンには、多くの自治会が独自に実施している住民交流のイベントや孤独死を防ぐ見守り活動、子どもの登下校時の安全見守り、防犯パトロール、防犯灯管理、児童公園清掃、子どもの貧困問題に着目した子ども食堂の運営、美観保持のための地域清掃、ごみ集積所の管理、行政への地域要望、募金活動などがあり、活動内容は多肢にわたる。海抜ゼロメートル地帯にある東京都葛飾区の東新小岩七丁目町会のように独自でゴムボートを購入し、浸水時の救援活動に備えているケースもある。

このパターンは、行政関与を受けずに自治会独自で地域のよい状態（wellbeing）を目指して新しい公共的分野に取り組むところに特徴がある。

このように自治会と行政との関わり、また、自治会の自律的活動に視点をあててパターン化してみると、今日の自治会はこれまでの活動範囲を拡大させて、社会変動に伴い表出された地域課題に向き合っていることに気づくだろう。それは市町村が自治会に求めている役割に加え、これまで行政の守備範囲としてきた「公共」の枠を超える事業に自律的に取り組む姿である。

自治会活動の揺らぎ　この自治会が今、加入率の低下と役員のなり手不足で揺らいでいる。

自治会は住民全員の入会と活動への参加を原則としている。しかし、自治会への未加入者は増加しており、また、自治会員になったとしても、自治会活動に参加しようとする人は限定的である。加えて、増加する外国人居住者への自治会加入と、活動参加を促すことも課題となっている。

自治会活動への積極的参加には住民生活や雇用形態などによる影響を強く受ける。例えば、その人が定期的に通院している場合、介護や育児、家事に多くの時間を費やしている場合、勤務形態が変則的、勤務時間が長時間に及ぶ場合などには、自治会活動に参加する意欲があっても時間的制約を受けるであろう。多くの参加を得るには参加を困難とする要因の排除が必要だ。

また、自治会活動への参加によって会長や役員へ誘引されることを嫌い、活動に参加しない人もいるだろう。

総務省「今後の都市部におけるコミュニティのあり方に関する研究会」（二〇一四）は都市部六か所の地区を抽出して住民アンケートを実施し、その調査から、「自治会加入率の低下」および「地域活動の担い手不足」を指摘している。

これは、このアンケート調査を行った地域だけの問題ではない。

二〇一三年に日本都市センターの「地域コミュニティの活性化に関する研究会」が行った市町村アンケート調査では、回答した五〇三市町村のうち「（加入率が）六〇％以上九〇％未満の範囲でおよそ五割を占めている」としている。また、同研究会の二〇〇〇年調査では、加入率一〇〇％の市町村が回答者の二五・四％だったのが、二〇一三年調査では〇・六％となっており、加入率低下が顕著になっていることを指摘している（日本都市センター編二〇一四）。

加入率低下は全国的な問題である（森裕亮二〇一五）。その要因はいろいろ挙げられようが、同研究会は、転入してきた住民のなかで若年層が未加入であることや、住民相互のつながりの希薄化、新築マンションなどの未加入などが大きな要因である、としている。

また、活動の担い手不足も深刻である（日本都市センター編二〇一四）。同研究会のアンケート調査では回答市町村五〇三のうち七六％の市町村が活動の担い手不足が最も大きな課題であると指摘している。もっとも、この状況は戦後から続いているという指摘もある（中川剛一九八〇）。

自治会の活動範囲は拡大しているが、自治会は法人格を持たないことから、活動に伴う責任は自治会長が個人として負う。しかも、会長は事業の企画や準備、役員間の調整、活動要員の確保、事業活動の進行管理などに多大な作業を要し、長時間、長期間にわたって拘束される。住民間の利害調整となると、多くのエネルギーと時間が必要だ。そもそも公権力をもたないので取り組みには限界がある。

こうして、住民は会長や役員を引き受けることに躊躇する。とくに、就労している人はそうである。そこで、定年退職などでリタイアした高齢者に焦点が当たる。しかし、これも年金支給年齢の引き上げにより定年が延長され、労働者の高齢化が一層進んでおり、担い手不足に拍車がかかっている。

こうした状況下で、市町村は、住民へ自治会加入、自治会活動への参加を呼びかけている。また、広域的な対応で役員の負担軽減を図るため、小学校区単位の協議型住民組織への再編も始めている。しかし、その顕著な効果は未だ現れていない。これらの動きが自治会の置かれている現状に対し根源的対策になっているのか、検証が必要だ。

担い手不足から自治会がその活動範囲を狭めれば、従来の行政守備範囲の枠からはみ出た「公共」分野を行政で対応せざるを得ない場合が生じるかもしれない。それにより、スリムな行政組織を目指していた市町村は行政改革を見直さなければならない場合もあろう。

また、自治会加入率が低下している中で、自治会活動および意思決定の正当性をどのように調達するのか、これも重要な問題だ。とくに、住民間の意見が対立している場合は納得性の確保が強く求められる。

大半の自治会役員は無償、低報酬で自治会活動を行っている。地域住民、行政がそのボランティア活動から何らかの利益を得ているとするならば、利益を享受するのみのフリーライドでこの状況に臨むのは自治会活動の安定と継続を危うくするだろう。縮小社会に向かう今、地域社会で生活している私たち自身が揺らぐ自治会活動にどのような意義を見出し、どこまでそれに関わることができるのか、それが問われている。

（石割信雄）

筆者は伊丹市内で三年間自治会長を務めた（二〇一六年四月～一九年三月）。自治会員数は約一九〇。役員交替が円滑にできない、役員のなり手がいない、というのはどこの自治会も同じだ。周辺自治会二一の自治会長の平均年齢は七一歳で、六五歳以上の高齢者は一七人に上っている。八〇歳以上は三人だ。高齢化している。自治会活動には居住空間の親和性を高める効果がある。また、活動を通じて広く人との繋がりを得る。学生諸君も自治会活動に意義を見出し、参加したらどうだろうか。いい社会経験になること請け合いだ。

時空

インターネットによる生活の再編

一六世紀末に少年遣欧使節団が日本から三年かけて辿り着いたイタリア諸都市のライブ映像をいまデスクトップで見ることができるのは、よく考えれば驚きである。レジに列を作る買物客の中で、値段をレジで打っていた時代を知る人も減ったことであろう。キーの配列は子供の目にもヨキミセサカエルと読めた。バーコードのなかった時代、レジ係は値段も覚えていた訳である。そして今、小銭を一枚一枚取り出すお年寄りは後に並ぶ者を苛立たせるが、それはかつての自然な速度であったのかも知れない。エスカレーターでは立ち止まって下さい、というアナウンスが駅で空しく繰り返される。わずかな時間さえ待ちきれないのが現代である。有名な外資系コーヒーチェーンのレシートの日時には秒の単位まで記されている。パソコンのロック画面・携帯電話の待受け画面には時計代わりの需要があるのか、必ず時刻表示が大きく立ち現れる。インターネットの発達によって人間の時空間認識がどう変化したのか問われることはまずない。電気が発明され普及してしまえば当然のものとして社会は回っていく。ＩＴで便利さが増す一方で今までになかった問題が波紋を投げかけているのが現状である。インターネットのある生活が自明のものとなった今、昨日の世界から何が変わったのか書きとどめておく意味はあるだろう。

高速に、グローバルに　歴史は循環するだろうか。樺山紘一（二〇〇〇）はこう問いかける。「かりに、これから往古の道筋がたどられるにしても、はるかに高速の走路をえらぶことになろう。かつて百年をかけて実現した変化は、ほんの十年で。また千年の道は百年で。かりに、人類がすでに目撃した光景であっても、今回にあっては、通常の動体視力をもってしては、観察や確認をゆるさないような幻惑をしいるのではないか、一見あらたな光景は、どれも既知の循環のさきにある異形として理解が可能なのだ。」（注二）

たとえ歴史が循環していなくても、デジタル化によって人間の活動時間が細かく刻まれるようになり、それが目まぐるしさを増幅させているのではないか。そして人間の活動の空間的広がりも経済面で大きく変容した。

野口真（二〇〇〇）は企業のグローバルネットワークについて述べる。立地条件が良ければ世界のどこへでも支社を分散配置し、ネットワークをとおしてそれらを統合的に管理できるようになった。状況次第では支社さえ持つ必要はない。企業は生産要素を多様な組み合わせが可能なように規格化したモジュールを、外部的な取引関係を通して入れ替える。このように世界中に配置された生産の工程は次々に切り替えられ、活用するもの・捨てられるものの分断と階層化が行われる。

「この十年間に何が起きたのか」　以上はそれぞれ時間と空間から俯瞰した動きを述べているが、ＮＴＴデータシステム科学研究所（二〇〇五）は視野をもう少し絞り込んでいる。インターネット社会の一〇年と題してインターネットの普及で社会がどのように変化したのか総合的に考察している。これ以降インターネットは当たり前になってしまいこのような試みは絶えたとみてよい。それによれば変化には三つの様相があるという。

第一は個がクローズアップされている。ＩＣＴを用いて製品やサービスを組合せ、カスタマイズして対応する。第二は枠組みが変化して要素が組み換えられるようになった。業界横断的な新しい枠組みで状況変化に対応しながら最適な組合せが模索されている。第三に関係性が変容している。部品間、組織と個人、個人間が対等・水平に責献し合い、つながりつつも縛られない関係が志向される。このように社会がインテグラル型からモジュール化へ移行しており、人間の行動や思考への影響も考慮しながら技術開発を行うことが重要、とまとめている。モジュールは製品アーキテクチャを考える重要なキーワードとなっており、部品をすり合わせて組み立てるインテグラル型生産を得意としている日本の製造業は、部品間のインタフェース（接続）を標準化した欧米のモジュラー型と比較される。しかしその優劣については意見の一致を見ないようである（注二）。

時空とスマートフォンビジネス　松岡真宏（二〇一四）・松岡真宏・山手剛人（二〇一七）はビジネスから見た時空の変容を指摘し「時間資本主義」の到来を説く。検索・購買・予約・コミュニケーションなど、すきま時間にスマートフォンを用いて従来にはなかったスピード・頻度・偶発度でビジネスが可能となった。すきま時間の共有・交換には場所や空間が必要なため空間提供と一対のビジネスになることが多い。

不要な待ち時間を解消することで時間の自由度が高まる。効率良く時間を短縮すれば「節約時間価値」が生まれ、その時間を快適化するのが「創造時間価値」である。鉄道料金で言えば、特急料金が節約時間価値でありグリーン料金が創造時間価値である。宅配のビジネスモデルが崩壊したのは、人々の時間価値がこのように変化して待ち時間を許容できなくなったことを、松岡らは一因として挙げている。

クリエイティブな人間の働き方は公私が渾然となる。アイデアやデザインなどの生産量は時間に比例せず、少しの労働の投入で乗数的に増える（労働の限界生産物の増加）（注三）からである。ところが効率化された時間をコモディティ化するスキルの習熟に使うなら、同じ公私渾然でもプライベートが仕事に占領されるだけである。このように時間を効率化することだけ追求せず、どのように実りあるものに変えるかが問われる。可処分時間は企業から見れば争奪戦の対象となり、個人から見ればいかに自分らしく豊かさに変えていくかが問われている（日本経済新聞二〇一九・二・二八）。

加谷珪一（二〇一六）もモバイル端末の急激な普及とインターネット依存の強まりによって時間や場所の制約が外れてビジネス環境を大きく変え、このような動きを先取りした新富裕層が誕生したという。今後はカーシェアや自動運転に伴う自動駐車が可能となり、自動車産業の縮小や駐車スペースの削減による都市計画の見直しにつながる。またクラウドへの転換によってサーバー台数が最適化されコストダウンが可能となっていく。

シェア経済と不安定労働

スマートフォンやＡＩによって位置情報や決済システムが進歩し、リアルタイムでデジタル化された商品取引が広まっている（注四）。ＩＴビジネスモデルの盛衰については経済理論から依田高典（二〇一八）がまとめている。フリーミアムでは特典が付く有料会員が無料サービスを支えるが、固定費用を価格に上乗せするのが難しい。そこでシェアエコノミーではその弱点である固定費用を複数ユーザーで分担することで低価格なサービス提供を実現した。またリアルタイムの需給に応じた価格設定（ダイナミックプライシング）も可能となった。さらにグーグルが登場しネットワーク効果を駆使し、一方を無料に他方を有料にしてプラットフォーム上でつなぐビジネスモデル「両面市場」で成功した。

ところで日本では二〇一六年がシェアエコノミー元年とされる。内閣府経済社会総合研究所（二〇一八）はシェアエコノミーの市場規模を四七〇〇～五二五〇億円（二〇一六年）と試算した。内訳はスペース一四〇〇～一八〇〇億円、モノ三〇〇〇億円、スキル・時間一五〇～二五〇億円、カネ一五〇～二五〇億円である。世界規模では英コンサルタント大手ＰＷＣは一五〇億ドル（一・七兆円、二〇一三年）から三三五〇億ドル（三七二兆円、二〇二五年）への拡大を予測する。このような状況を背景に全国八一四市区首長のうち二六％が家事育児・空家空店舗などにシェアエコノミー導入を検討しており五つの都市がシェアリングシティ宣言（二〇一六年一一月五日）

を行った（エコノミスト二〇一七・八・八）。

仕事の発注者は需要の変化に合わせてスポットで仕事を依頼し、クラウドワーカーは時間や場所に縛られず得意な仕事を選べるようになった。フリーランス一一二二万人（二〇一七年）（注五）のうちオンラインで一五五万人が働いており、三四歳以下が高い割合を占めるという。多数のプラットフォームで仕事ができるが個人で直接仕事を請け負うので労働者と見なされにくく、労働基準法や最低賃金法の枠外にある。平均年収は独立オーナーが三五〇万円、フリーワーカーが一二三万円、パラレルワーカーが一二九万円、すきまワーカーが六十万円という（金明中　二〇一六）。

シェアエコノミー企業のウーバーイーツは専用アプリでプラットフォームを提供し、少ない資本投下で手数料収益を得る。配達パートナーと呼ばれる個人事業主は労災保険も休業補償もなく、顧客が良し悪しを評価する仕組みに晒される（京都新聞二〇一九年二月二八日）（注六）。

日本におけるインターネットの創始者・村井純はネット社会の行方を楽観的に語る。…インターネットの前後で社会が一変しこうした変化が短時間で起こった。すでに世界人口の六割近くがつながり、ここから先はさらに速い。十年足らずで一〇〇%に近づく。以前は現実空間とは別にサイバー空間が存在しているような印象を持たれていたが、サイバーは現実にすでに染み込んでいる。あらゆる人や産業が一つのネットに強く依存し、それが前提となっていることを理解することが大切だ。政府に加えて企業や個人といった多様なステークホルダーが集まり新しいルールを作るための場を設ける必要がある。もちろん容易な取り組みではないと理解しているが、人にはどういう未来をつくりたいか対話を重ねてきた歴史がある…（日本経済新聞、二〇一九年五月九日）（注七）。

インターネットがもたらす否定的な影響はいずれ克服されるものであろう。時空の変化とは比喩に過ぎず、地軸がずれたわけでも物理法則が変化したわけでもなく、人間の受け止め方、認識の仕方が変わっただけである。そしてこれからはAI技術の浸透が、光と影の両面で静かに常識を覆していくのであろうか。

（大沼穣）

（注一）人間の時空認識の議論は古代哲学を除けば稀であろう。時間の空間からの分離によって、標準化された空白な時空が形成されたと説く社会学者ギデンズのモダニティ論（一九九三）や、西欧の中世後期からルネサンス期にかけて「数量化」が広まり、時間と空間だけでなく音楽・絵画に及び簿記を誕生させたという歴史家クロスビーの数量化革命論（二〇〇三）などはその数少ない例ではないか。

（注二）佐伯靖雄（二〇〇八）は論争史を知るのに有益であった。

（注三）原著者の表現によれば限界的生産量が労働量に伴い増加する。

（注四）二〇〇八年創設のエアビーアンドビー（Airbnb）は空き部屋情報を、二〇〇九年創設のウーバー（Uber）は空車情報をデジタル化したものである。

（注五）内閣府は二〇一九年、フリーランスとして働く人の数を初めて推計し、三〇六～三四一万人とした。

（注六）「全国に広がるウーバーイーツ「新しい働き方」潜む事故のリスク」

（注七）「ネット社会の行方」より要約

位置計測で用いるGPS（全地球測位システム）やGIS（地理情報システム）のような空間情報は時間変化を伴えば時空間情報と呼ばれる。人間が時空間を制御できるという認識の証しであろう。時空間を制御した人間が制御しきれないもの…時として叛乱を起こす人間の身体ではあるまいか。IT技術の進歩の影響は労働の不安定化といった社会的な面だけではなく、身体感覚や倫理観に波紋を投げかけないだろうか。

死生観

“それ”から目を逸らせるか、向き合うか？

若者／老人　若いうちに、一度は正面から向き合ってほしいテーマがある。もちろん、何歳になってもこのテーマは自分に密接に関わるものだ。だから、いまここで、「死ぬ」ということについてあなたと話をしてみたい。

重苦しそうだろうか。気が滅入りそうだろうか。不健全に感じるだろうか。けれど、そんなふうに敬遠しないでほしい。もしこれが避けてとおりたい話題なら、なおさらいま少しだけつきあってほしい。

わたしは大学で教員をしている。講義の中で学生たちにおなじテーマを振ると、よくこんなふうにいわれる。「自分はまだ若いから、死といわれてもピンときません。もっと歳をとってから考えればいいことだと思います」

学生の大半は二〇歳前後だ。厚生省によると、日本人の平均寿命は男性が約八一歳で女性が約八七歳とされている（二〇一八年）。この数字だけをみれば、たしかに学生たちはまだ四分の一程度しか人生を送っていないし、これから六〇年以上の生が待っているといえるかもしれない。けれど、そう単純に考えられないのは明らかだろう。病気や事故、災害はいつ降りかかってくるかわからない。地震や津波、台風は、年齢で犠牲者を選ぶわけではない。どれほど若くて健康でも、いついかなるときも、わたしたちは死と無縁ではいられない。

また、「若いから無縁」という意見とは反対に、何歳であっても死について考えずにはいられない人もいる。なにも自殺や殺人を計画するということではなく、ただ人間は死と隣り合わせだということを意識せずにはいられない。「生きている」ということについて考えるとき、いつかは死ぬという事実を無視することができず、この避けられない事態について「なぜ」と問わずにはいられない。そんな人間もいる。

人は、生まれた瞬間から常に死にさらされている。けれどまた多くの場合、自分が死ぬという可能性から目を逸らせてもいる。けれど、わたしたちがどんな態度をとろうと、最期は確実に訪れる。すべての人にいずれ来るこの死というものについて、この章であなたといっしょに考えてみたい。

個人の終わり／人類の終わり　死を、「このわたしが終わるとき」だとしよう。いま、この文章を書いているわたしは、五〇年後にはおそらくこの世にいないだろう。読者であるあなたが若ければ、あなたは生きているかもしれない。では、百年後はどうだろう。あなたもわたしも、きっと生存していないだろう。二百年もたてば、現在の地球にいる人間はすべて消え去ってしまっている。たった二百年でだ。この「いなくなる」ことの意味は、案外大きい。

わたしはいま、読むひとに思いがつたわる文章を書こうと苦心している。あなたも日々仕事や勉強、家事をしたり、趣味や遊びを楽しんでいるだろう。しかし、どれだけ一所懸命になって文章を書いても、働いても、趣味に熱中しても、結局わたしは終わりを迎える。そのときわたしの望みやしてきたこと、するはずだったことはすべて中断される。あがこうが葛藤しようが無視しようが、何十年後かにはこのわたしはこの世から消え去ってしまう。それなのになぜわたしは、苦しんだり悩んだりしながらパソコンに向かっているのだろう。どうせいつかはいなくなるなら、努力してもおなじではないだろうか。こんなふうに考えているということ、この思考自体もなくなってしまうのが前提なのだ。死について思いをめぐらせるとき、わたしはわたしの消滅について考えずにはいられない。

もちろんこの見方に反論もあるだろう。たしかに「このわたし」は、死ねばいなくなる。しかし、だからといってわたしにまつわるすべてが消え去るわけではない。スペインの建築家アントニ・ガウディが手がけた教会サグラダ・ファミリアは、いまだ未完の建造物として有名だ。一八八二年に着工されたこの教会は、ガウディが逝去した後、彼の構想をもとに二〇一九年現在も工事が進められている。数多くの人間がこの仕事に携わり、また世界中の人がこの教会を訪れる。ダ・ヴィンチのモナ・リザに魅了される人、ホメロスの叙事詩を愛する人もいるだろう。これらの作品は、つくり手がいなくなったあとも長く残り、人びとに影響をあたえ続けている。

もしくは、何百年も受け継がれるような作品を生み出せないとしても、わたしをおぼえている人がわたしの死後にいるかもしれない。子どもや孫が、親しい人びとがいるだろう。なにかのかたちでわたしとつながっているといえる人が未来にいる。だから、死がその人のすべてを終わらせるわけではない。そんなふうに考えるかもしれない。

では、時間のスパンをもっと長くしたらどうだろう。フランスの哲学者リオタールは、あるエッセイで、人間の成り立ちをひとつのおとぎ話として語ってみせた。そのオマージュのかたちで、ここでも人間と死を長い時の流れのなかにおいてみよう。

——昔々、宇宙で物質が生まれ、物質は星雲や恒星というシステムを構築し、人間という生命のシステムが誕生しました。人間は、共同体を存続させるためのシステムを発展させました。けれど太陽という恒星には寿命があり、その惑星である地球もいつかは終わりを迎えます。地球が失われれば、この星で行われたことはすべて消え去ります。「個人のわたしは死んでも、人間の歴史は続く」と主張しようとしても、歴史そのものがなくなるのです。もし人類が太陽系外に居住することができなければ——仮にできたとしても、そのときのヒトは現在のわたしたちとはまるきり変わってしまっているようにも思いますが——、どんな偉業をなそうと、名を残そうと、しょせん地球とともに、人間という種が存在したことさえすっかり消失してしまうでしょう。——

極端な話だといわれるかもしれないし、何十億年も先のことにはリアリティがないと笑われるかもしれない。けれど死や終わるということの一面は、こういうことではないだろうか。人間の歴史が永遠に続くわけではないし、終わりはいつか起こる。わたしたちは必ず無に帰する。これが事実なのだということをともに了解したうえで、次にこの死の対象となっているものについて考えていきたい。

わたしの死／他人の死　個人という短いスパンでも、人類という比較的長いスパンでも、死による消滅は起こるということをみてきた。しかしそこではふれなかった点がある。それは「誰の死か」という問題だ。

「わたしの死」と「それ以外の人の死」は、わたしにとって決定的に違う。わたしが死ぬということを、とりあえずこの意識と肉体の終了だとするなら、死の瞬間以降わたしはこの世に存在しなくなる。だから、自分の死は（自分の）世界が終わることだ。一方、自分ではない人が死んでも、わたしの世界は続く。まったく知らない人間であれ、ひじょうに親しい相手であれ、事態は変わらない。後者の場合、心情的にはまさに世界の崩壊とおなじだとしても、それでもわたしの身体は生きているし意識はある。死という問題は、この極端な不均衡をはらんでいる。

ことばをかえると、わたしが知ることのできる死は、つねに他人の死だ。わたしは、自分の死を経験できない。

わたしは友だちから「先週観た映画、どうだった？」ときかれて、「おもしろかった」と答えることができる。過去の出来事を現在の視点からみて、そのとき自分はどう感じたかを話すことができる。しかし、おなじように「先週死んでたけど、どうだった？」ときかれはしないし、どう感じたかを答えることもできない。自分の死を、あとからふり返るというかたちで体験したり追憶することはできないのだ。もし九死に一生を得ることがあったとしてもそれはぎりぎりで死を免れただけで、すっかり死にきってしまってからキリストのように復活したわけではない。

自分の死は、終わってからそれがなんだったのかを語ることができない。だから死は、日常生活では常に誰かの死、他人の死としてとらえるしかない。

では、いつかわたしのもとにやってくる自分の死をどう考えるべきなのだろう。これにはさまざまなやりかたがあるだろうが、そのうちのひとつを次の節でみていこう。

交換可能／交換不可能　自分の死について考えるまえに、ここで「生」に目を転じてみよう。生きるということは、いまよりも先の時間にある可能性を現実にしていくことだ。わたしがいま、三か月後の試験に向けて勉強しているとしよう。わたしは試験に受かるかもしれないし、落ちるかもしれない。いまのわたしにとっては、合格と不合格のどちらもこれからの可能性だ。こういったありえる未来のうち、実際自分に起こったことがわたしの人生になる。

さて、将来わたしに訪れるだろう可能性のうちで、もっともたしかなものはなんだろう。試験の合否は、どちらになるかまだわからない。しかし誰もが必ず経験する未来がある。それが死だ。ところが日常生活では、死は「いつか、誰か」に降りかかるもので、「いまこの瞬間にも、わたしを」襲うかもしれないというほどせっぱつまったものではない。つまり、死ぬという未来を本気で想像してはいない。ドイツの哲学者ハイデガーはこの状態を指して、普段わたしたちは自分の可能性にきちんと向き合うことをしておらず、本当の意味で生きてはいないという。わたしたちは死の可能性を直視することから逃げて、みんなで生きている世界にばかり目を向けているというのだ。そしてまた、そんなふうに生きているだけなら、たいていの人は代用がきくものにしかならないとする。いま、わたしが死んだとしよう。この死は多少は悼まれるかもしれないが、仕事であれ友だちやパートナー関係であれ、わたしが抜けた部分はそのうちほかの人間が埋めることになるだろう。わたしがいなくても、社会は回るのだ。このときわたしは、他と交換が可能なものだということになる。

では、交換が不可能な存在とはどんなものだろう。人間は、ほかの動物とちがって死を先どりして考えることができる生き物だ。犬や猫は、「自分はいつか死ぬ。だから、いま××をしよう」と考えはしない。しかしわたしたちは死の可能性をわかったうえで、その未来を現在の行動にフィードバックさせることができる。それにまた死は、他人と交換することができない。もし誰かがわたしの身代わりに死んだとしても、それはその人の死が現実になっただけで、わたしの死そのものがなくなったわけではない（本当に死を他人に押しつけることができるなら、わたしは何百年何千年も生きることができる）。

ハイデガーは、この交換不可能な死の可能性としっかり向き合い、そこからどう生きるべきかをとらえなおすことが本来的に生きることだとする。誰かにとってのかけがえのない存在になるそのいちばん最初に、まず自分のかけがえのなさを意識する。死を通して、交換が不可能な自分のあり方を実現するというわけだ。人は、普段は交換可能な存在として、非本来的な生き方をしている。けれど、その人を交換不可能なものにするのが、自分自身の死という未来を引き受けていまを生きる決意なのだ。

生／死　この章の冒頭で、若いときに死について考える時間をもってほしいといった。生きることはいつか死ぬということで、死ぬということはそれまで生きていたということだ。だから死を考えることは、どんな生を望むかを模索することでもある。生きているわたしたちは、自分の時間を過ごしている。この時間には限りがあるということを真剣にとらえて、どうつかうのか、どう自分の可能性を展開していくのかを思いめぐらせてみてほしい。

また、もしここまでの話が抽象的で、なにをすればいいのかわからないと思うなら、バケツリストをつくってはどうだろう。死ぬまでにやりたいことを、思いつくかぎり詳しく書き出してみる。そのリストを、近々死んでしまうとしたらすぐにでもやりたいこと、すべきことはないだろうかという観点でながめ、実行するというやり方だ。わたしたちは死から逃れられないし、生きたまま自分の死を体験することはできない。誰も、自分の死を理解していない。それでも死という未来と向き合うことで、この生をより深く探ることはできるかもしれない。死について考えることは、いまの自分のあり方をとことん考えぬくことにつながっている。

（石毛弓）

なぜ「死」が、本書のテーマの一つである「現代社会の息苦しさや居心地の悪さ、閉塞感」につながるのか？それは、「どう死にたいか」や「どう死ねるか」は、そのまま「どう生きているか」につながるからだ。両者のむすびつきがわかりにくければ、「『弱い者』に従う自由」（鷲田清一）というエッセイを読んではどうだろう。人は、完全に一人で生きることはできず、相互に依存している（食べ物も衣服も住む場所も環境も、自分だけでつくったものではない）。しかし現代社会ではそのことがみえにくくなっていて、他者に依存するのは〈弱さ〉だとされる。一人で生きることができる（と錯覚している）〈強い者〉になるか、さもなければ「『社会にぶら下がる』ことでしか生きられない保護と管理の対象」としての〈弱い者〉とみなされるというわけだ。けれど〈弱さ〉をマイナスとするのではなく、それを〈普通〉ととらえて社会のシステムを修正していく。そんな社会は〈強い者〉にとっても生きやすい場ではないだろうか。このエッセイでは、そんな考えが述べられている。閉塞感に満ちた場所ではなく、安心して楽に呼吸ができる社会に生きて、死にたいと、わたしは思う。

ハーモニー

堅苦しさのなかで

ビギナーの時は不思議に思うことでも慣れによって何も不思議ではなくなることがある。コンサート会場でオーケストラを初めて聞いた時に舞台上のさまざまな楽器音が溢れていて、どの音をどう聴いたら良いのか戸惑ってしまった。ヴァイオリンに耳を澄ませているとフルートが美しく旋律を奏でている。そこへチェロとコントラバスが渋い低音を響かせ、ついにはクラリネットやオーボエ、ファゴットもざわめき出した。どの音を聴いたら良いのだろうと密かに焦り混乱したものである。音が音響となり音楽となる過程を追い、エンターテインメントとして大衆化しないクラシック音楽について考えてみたい。

よく聞くとは　聴覚体験は視覚でも似たような戸惑いが生じている。オーケストラをまとめている指揮者を見るのか、主題を奏でる演奏家を探し出して注目すべきか、後方に居並ぶ金管楽器や、たまに打ち鳴らす打楽器奏者に目を転じるのかとビギナーにとっては迷うばかりだ。よりよく見るとか、よりよく聞くと謂う視点では、最初から全体像を捉えることは出来ない。個々の細部にピントを合わせて細部をよく注視するところから始まる。よりよく見る写生やデッサンを例にとると、全体像に至るまでには、まずは細部に眼のピントを合わせ、細部を知って積み重ねていく先にやっと全体像が見えてくる。聴覚体験も視覚に似ている。大勢の人々がお喋りをしている中で、ひとりの話を聞き取ることが出来るのは音量の大小に限らない。話の内容を理解しようと意識が働き、ひとりの声を他の人の声と区別して耳を澄ませ集中するから聞こえるのである。それとは逆に、漠然と全体の会話を聞き全体像を把握しようとしても雑多な声の集積がノイズとして耳に届いているに過ぎない。

比較的前方の席でオーケストラの演奏を聞くと、例えば第一ヴァイオリン十人と第二ヴァイオリン十人が一斉に弾いたとしても、その中でひとりコンサートマスターのヴァイオリンの音色だけを聴き分けるのは可能である。ところがCDやスマートフォンで聞くと音源から聴き分けるのは難しい。距離の圧縮によって音の平板化は避けられず現実の三次元の音をオーディオ機器で再現するのは限度がある。

音から音響へ　クラシックのコンサートでオーケストラを聞くとはいったい何をどう聴くのだろう。舞台の上に散らばった音は、聴き手が充分に吟味しない内に時間の経過とともに消え、次から次へと新たな音を撒き散らしてゆく。ヴィオラに絞っても演奏者の数だけ音色がある。楽器の形状も大きさも違い奏者の奏でる音色は千差万別である。その上にビブラートを多用すると幅のある音の層に聞こえてしまう。一瞬一瞬散らばり次第に消えていく音の中には、楽器音が充分に響く前に他の楽器音が上から覆うかたちで消してしまうケースがある。総譜で確かめると、楽譜に書き込まれた音が実際には聴き取れないのだ。

指揮者のチェリビダッケは『音楽の現象学』で「ホルンは音が発振するまでに最も時間がかかり」「同じフレーズを演奏しようとするとき、ホルンは例えばヴァイオリンよりも物理的な世界において遅く」なると指摘して、ホルンを充分に響かせるためにはテンポを変える必要を説いた。チェリビダッケ指揮のオーケストラをCDで聞くと、一定のテンポが刻まれずテンポが間延びした箇所がある。この間延びして聞こえる原因は、残響が録音再生されていないために音が希薄になった結果だと説明している。確かに残響が録音再生されていれば充実した密度を保って間延びとは感じないのかもしれない。それ故にチェリビダッケは、機械的なテンポでは「時間上の無味乾燥な音の羅列以外何も現れ」ないと言う。

次にクラシックの楽曲を紐解くと、対位法や和声法が用いられていて、オーケストラの響きには管弦楽によるハーモニーが意図されていることが分かる。十八世紀百科全書派のダランベール『ラモー氏の原理に基づく音楽理論と実践の基礎』の用語の定義で「和音は、同時に聞かれる複数の音の混合を指す。和声は、複数の和音の連なりを指し、和音は連なることで耳を楽しませる」と記している。ラモーは「音響体の共鳴という和声の原理を発見した」とされていて、和声の革新は死後百年後に生まれたドビュッシーへ引き継がれたとされている。青柳いづみこ『指先から感じるドビュッシー』でピアノの鍵盤のタッチに関する手法やペダルの技術を詳細に示して音響の彩りを明かしている。ところが「平行移動する和音の塊をメロディックにとらえ、すべての音をクリアに奏出したドビュッシーのペダリング」として、ドビュッシーの楽曲は和声よりも旋律だと青柳は主張している。ここでは和声の音楽理論へ踏み込まない。一般的に音響を語る場合に比喩として「色彩感」を持ち出す人が多い。音響を聞いて色が実際に見える共感覚も一時期研究されたが、一般的には複数の和音の連なりが色彩として認知されるものと考えられている。ダランベールによるラモー理論で「不協和音程が不快に感じられるのは、不協和音程を生み出す音は、たとえ同時に鳴らしてもまったく混じり合わず、耳には二つの異なる音として聞こえるからである」として耳を楽しませるハーモニーとなる音響と、同時に鳴らしても混ざり合わない音響とに分類している。余談であるが、倫理観で音楽を評論した時代には、不協和音は耳を欺くと、かのモンテヴェルディを糾弾した事例もある。

クラシックのコンサートへ足を運ぶ観客数は、ドーム球場や日本武道館を埋め尽くすロックやポップスとは比べものにならないぐらい少ない。マイクロフォンを使用しない生の音では二〇〇〇人規模のホールが限界である。マニアックな観客の間ではホールごとの音響の特質が関心事となる。席によっては音の響きに違いがあるからだ。蓋を開けたチェンバロの調律中に、四〇〇席収容のホールの客席を中央部から側面に移動しつつ、音の響きを確かめてみると響きが明らかに変化していくのが判る。音楽は時間芸術であり空間芸術でもあると考える。ゴチック大聖堂のパイプオルガンの響きを全身に浴びた人であれば納得してもらえよう。またプロヴァンス地方のロマネスク様式シルヴァカンヌ修道院では、出入口にひとりの若者が立ち、僅かに唇を開けて十二世紀のレオニヌスの定旋律を細心の注意を払って微かな小声で歌っていて、石積みの重厚な空間にゆっくり静かに響き、まるで自身が思ったり考えたり夢の中でさえ、四六時中聞いている脳内の自分自身の「内なる声」と同レベルの音として、歌の調べが響き戦慄を覚えた。脳内の領域まで密かに忍びよる声や音の体験はそれまでになく「神の声」とはこの類のものかと感じた。これらの宗教建築では宗教を体感させる音響空間としても機能していたと推測する。

音響から音楽へ　歌詞のないクラシックの楽曲は、抽象的な音響をあれこれ詮索してそこに意味内容を考えるべきであろうか。生活環境の中ではBGMとしての音楽が溢れ、聞き流すのが常態化している日常で受動の姿勢が当然とも言えよう。美しい音に聞き惚れてうっとりする時間が提供され、時には心身の癒しや治癒が期待出来るとなれば、楽曲の意味を考えなくても良いと言える。歌曲やオペラになると歌詞に意味があり背景に物語がある。歌詞のない楽曲でも調べの違いで喜怒哀楽などの感情が伝わってくる。言葉のメッセージとは異なった音響による表現、標題音楽では音楽以外から表象と観念を関連させ、微妙なこころの内や複雑な意味まで探れる道がある。また絶対音楽では、純粋な音の構築物で音響が織りなす幾何の面白味を味わうこととなる。但し感情が一時的にしても同調し共振するのは、表象や観念と関連しているとは言えず、純粋な音響の組み合わせでも起こり得るものである。指揮者でピアニストのバレンボイムは『バレンボイム／サイード　音楽と社会』で音楽には「一つの人生をまるごと生きたような感覚がただちに聴き手に与えることができる」とし、和声の調和によって「すべての者が平和に共存していける余地が」あり「人々が神性として知覚するらしいもの、すなわち晴朗とした静けさ」が感じられるとして、音楽の力を語っている。私たちがもしクラシック音楽に近づこうとするのであれば、刻々と演奏されて響きが空間に拡がる音響の中に法則性を発見することではないか。繰り返される旋律を記憶して構成を考えると混沌とした音の集積が整理整頓されているのに気づく。また楽章が設定され、楽章ごとの印象を変化させる構成がある。コンサートやリサイタルで音楽を楽しむには、音楽の構成を読み解く記憶の保持が必要だと考えている。そして音楽を分析し頭の中で再構築することで指揮者や演奏家が表現する音楽的構造も立ち現われて来るものだ。

　クラシック音楽の演奏者にとって演奏の完成度を高めるためには、ひたすら楽譜を読み込むことに尽きると考える。ところが演奏会で扱う曲目が限られていることもあって、以前に聴き覚えがあり、CDやスマートフォンで容易に聴ける過去の名演奏が脳裡に刷り込まれているのが通常ではないか。演奏者は白紙状態から楽譜を読み込み、楽曲のイメージを掴む作業が必須だと考えつつも、初見のはずの楽譜からすでに完成された音楽が聴こえて来てしまう。録音再生機器が発達していない時代には、楽譜を読み込んで作曲家が意図した音を想像し音楽の全体像を掴んでいた。その場合、少々勘違いもしただろうし、作曲家が込めた目論見を矮小化して受けとる危険性もある。今日では過去の名演を聴き比べて、曲想イメージを考慮した方が手取り早く合理的と言える。その結果、難曲や大曲でも短期間でマスターできてしまう。オーケストラでも個々の事前練習が行き届いていて、リハーサルに時間をかけず指揮者が特殊な解釈を持ち込んで強要しない限り、それなりの演奏レベルまでは直ちに仕上がってしまう。

　ヴァイオリンを例に取れば、楽譜に指示のないボーイングやポジションもＤＶＤやユーチューブで見れば一目瞭然で、細部のテクニックも繰り返し視聴すればある程度マスター出来てしまう。頭の中で楽曲としての構成を考えて思い悩むまでもなく名演奏のコピーが完成する。そうなると身体的な指の動きとトリルやターンなど鋳型の如くに覚え込んでしまえば、ほぼ名演奏のコピーができて、しかも多くの演奏者に可能となる。すると結果的に音を間違えて外さない完璧さばかりが求められてしまう。本来不完全さが当たり前の人間が機械に似せて完璧な演奏を求める傾向は、音楽の楽しさを削ぐ結果となる。ミスタッチを恐れて緊張する演奏者と、同じく静寂さを保つことが科せられて緊張する観客が張りつめた空気を共有する。調性音楽では音を外すと誤魔化しようがない。ジャズであれば即興的にアレンジする技倆で切り抜けられようが、クラシックのリサイタルでは音を外すと一瞬にしてホール全体が凍りつく。複製再現芸術のクラシック音楽に於ける演奏者の個性は、芸術のジャンルの中で最も難しい。画策して個性を編み出しても過去の名演奏を熟知している音楽ファンには歓迎されない。癖の無い正統な演奏でしかも人間性が滲み出た演奏だけが個性として認められる。

クラシック音楽では個性を確立するのが容易でないが、自由な表現が無いものと誤解されがちだ。だが楽譜の内に完成された音楽があるわけではなく解釈によっても表現は替わる。もしかすると即興やアレンジが一見自由に思われるジャズ音楽の方が自由は制限されているかもしれない。ジャズは常にジャズらしく聞こえるように心掛けていて、結局限られたパターンに嵌ってしまう恐れがある。それに比べてクラシックはクラシックらしく作為する必要がなく、どう演奏してもクラシックにしかならない制約の中で少しの違いが際立っている。さらに個性が唯一の価値として問われないのには原典回帰の流れがある。ひとつは楽譜の研究が目覚しい。改編される以前の自筆譜を演奏家自らが研究して従来型の解釈や演奏法を見直して成果を上げている。バッハ以前のバロック時代の音楽は、楽譜が全てでなく奏者が音を加えて演奏するのが知られていて、現代では装飾音などを考案付加して演奏される。二つ目は作曲時代の古楽器を用いて、当時の古楽器の特性を生かした演奏で積極的にチャレンジしている。聴き慣れた楽曲が違って聴こえることで、今や古楽派は大きな潮流になっている。一九三九年以来統一された基準周波数A＝440hzを十八世紀の古典派時代のA＝430hzに調律して演奏する試みや、バロック時代の400hz前後に調律、またビブラートを用いない澄んだ奏法で音楽に多様性をもたらした。

現代のクラシック音楽

音楽芸術は、聴覚の逸楽でもなければ、感情を自在に操る効果音だけでもない。もとより音の無い宇宙空間にあって、地球上に存在する自然の音は人間に潤いと豊かさをもたらしてきた。人類は自らの声と音のでる道具で幾何的な音楽を発明し、時代の社会背景や言語の垣根をも超えて、人間には複雑な思念や感情が存在するのを知らしめた。また身体体験として空間芸術でもある音響は宗教的陶酔を演出した。二十世紀は調性音楽の和声を放棄し前衛音楽を展開して美術と共に新たな領域を開拓した。そのため現代音楽は難解な芸術として大衆文化と一線を画す。クラシック音楽は現代に至る数百年間いわば貴族文化を継承して来た。演奏者とクラシックの聴衆は堅苦しい空気を共有し、生きることへの閉塞感とは別に厳格なハーモニーを奏でている。

（久木一直）

生き辛い現代でクラシック音楽の鍛え抜かれた高度な音響には、堅苦しさは感じるもののマニアックな逸楽があって、人生の価値を肯定する一筋の光があるのではないかと考える。浴びるように音響の洗礼を受けた体験を基に考察した。

イエスマン

専門知は組織を修復できるか

組織内の深刻な軋轢と混乱はどのように修復可能だろうか。このような素人疑問に答えるには現代の学問は専門化しすぎている。諸分野の知見から独自に手がかりを求めていくとどうなるであろうか。まずはホワイトハウスの人間模様から始めたい。

より高き忠誠　米紙ニューヨーク・タイムズは、トランプ大統領を批判する匿名の政権幹部が書いた論評を掲載した。「…トランプ氏の思いつきによる衝動的な決断を挫折させるため、多くの高官らが政権内で努力していることを暴露した。『大統領は我が国の健全性に有害なやり方で行動している。だからこそ、トランプ氏に任命された者の多くは、トランプ氏が政権から出ていくまで、彼の見当違いの衝動を防ぎながら、民主的な制度を維持するためにできることをやると心に誓った』」（朝日新聞デジタル二〇一八・九・六）。

また辞任した有力閣僚は以下のように回顧する。「新任のアメリカ大統領は、私に彼自身への忠誠を求めた―FBI長官としてアメリカ国民に捧げるものよりも高い忠誠を…忠誠を捧げるべきは、個人でも、党でも、いかなる集団でもなく、不変の価値―とりわけ真実にほかならない。…幸運にも政府の上層にはまだ倫理観を失っていない人々がいる…もはやその被害をできるだけ食い止めることが、彼らの仕事になっている」（ジェームズ・コミー二〇一八)。

ホワイトハウスで起こった忠誠心ゆえの反抗騒動である。忠誠心ゆえの反抗と言えば住友グループには漢書「説苑」の名言「逆命利君」が伝わるという。東洋には易姓革命論、西洋には暴君放伐論があり、日本でも忠誠とは何か議論は繰り返されてきた。丸山眞男によれば日本史上天道・天命を旗印に互いに逆賊・奸臣のレッテルを貼りながら争いが続き、幕末には多様な忠誠が相剋する状況となった。福沢諭吉は「古来敵味方の双方に就て見れば双方共に忠臣義士ならざるはなし」と順逆の相対性を指摘し、「有名無実を認む可き政府は之を転覆するも義に於て妨げなき」と主張したという(丸山眞男一九九二)。

社会科学の立場から忠誠心についてエビデンスのある議論は成り立つのか。現代の経営学においては忠誠心は帰属意識に基づく関与、「組織コミットメント」として研究され、帰属意識の強さをアンケート調査することによって忠誠心を計量分析することが可能となり、さらに最近では心理的契約理論(注一)として彫琢されている(服部泰宏　二〇一三)。思えば武家社会には御恩と奉公の双務的契約があったと言われる。忠誠心もまた契約という視点から見ることができる。

イエスマン　東芝の経営が不正会計問題で混乱しマスコミは批判を始めた。「…トップ主導による過度な利益至上主義ともの言えぬ企業風土は、事業部門から管理部門まで組織に浸透していった。…十数年前に現役を引退した東芝ＯＢは『東芝はかつて自由闊達で議論できる雰囲気があったのだが』と驚きを隠さない。…『社長を褒めそやし、よいしょする社員ばかりだった』。ある東芝幹部は振り返る。…トップが組織をゆがませたのか、組織がトップをゆがませたのか。」(日本経済新聞二〇一八・二・二八)(注二)。東芝はイエスマンだけになったという。日産自動車ＣＥＯ(最高経営責任者)の報酬の過少申告が問題になって社会の関心はゴーン氏に移った。そして昨今ゴーン氏側近が排除されつつあるという（日本経済新聞二〇一九・一一・六、三・一四）。もし一般社員が当時の抗いがたい社命に従ったことで責任を問われるならば理不尽と言うしかない。日産の人間関係の混乱や破断は察するに余りある。

かつてジャック・ウェルチをトップとする米GE社の経営陣はマネージャーの類型を（一）成果‐高い・低い、と（二）価値観の共有‐できる・できないという視点から四つに分け、成果が高くとも価値観を共有できないマネージャーは解雇すると述べた（注三）。現在のGE社の迷走は人も知るとおりである。

魂に届かない専門知　組織内の混乱と軋轢への対策を学ぶには多くのアプローチがありそうである。書籍ではコンサルタント的叙述・文学的叙述・研究的叙述に大別されるのではないか。このうち研究的叙述は専門機関の専門家の手になり一般の目に触れることが少ない。

多数を占めるコンサルタント的叙述は学問研究の成果によって経験的な事実を補強し自説を主張しようとする。永田稔（二〇一六）は認知の枠組そのものを問う議論を展開し興味深い。論理的に導いた案が受け入れられるとは限らないのは他の人が同じ現実を見て同じことを考えているとは限らないからである。人間は持っている知識体系（スキーマ）と推論によって物や状況を認識するので、問題解決には人間の感情や非合理性を十分に理解する必要があるという。

読者を文体の力で引き込む文学的叙述から管見を二つあげたい。一つは伝統ある地域情報出版社が親会社となった新聞社に組み込まれていく過程を編集者の視点から描いたもの。読者は強まる親会社の管理的体質に怒りを共感せざるを得ない（江弘毅二〇一〇）

もう一つは公共図書館を一新する改革をなしとげた図書館長の伝記である。一公務員が官僚組織の中で従来の政策を変革できた条件は何だったのか考えさせるが、この改革が全国規模となったときに現在の商業化へとつながる路線が行く手を阻む。その担い手たちの陰湿さに読者はほぞを噛む思いがするだろう（田井郁久雄二〇一八）。

しかし組織内の軋轢に善悪二元論的な判断を持ち込むのは考えものである。前者は自由人の集団に冷徹な利益至上主義が割って入る過程のように思われ、後者に対しては今日の図書館で行われる業務委託やイベント企画の日常化を否定すべくもないように思われる。売れる（儲かる）企画や利便性を求めているのは誰なのか、相手方からも説得力ある叙述は可能であろう。

文学的叙述には個人の体験を一般化するものがある。大江英樹は「サラリーマン川柳に『一人ずつ友を減らして出世する』というのがありましたが」むしろ「自分が楽しいと思える仕事ができるよう、在職中にその準備と心構えをしていく」のも重要だ（日本経済新聞二〇一五・一〇・一）（注四）と説き印象的である。溜飲が下がるが酸っぱい葡萄という言葉もよぎる話である。反対に「誰かが見ていてくれた」から社長になれたと回顧する心温まるエピソードも欠かせない（日本経済新聞二〇一七・四・三）（注五）。結局著者の来歴を色濃く投影したネガティブやポジティブな体験談になってしまうのである。

ある企業人はかつて体験した経営混乱について述べる。八二年から「経営が暴走」し八七年に「ようやく会社は正常化」したという（日本経済新聞二〇一四・一一・一八）（注六）。治績の毀誉褒貶が変転するのは誰しもが体験するところだが、前大統領を後任が訴追するような話ではないと誰が言えるのだろう。ただの派閥抗争ではなく、他方の背景に顧客（ステークホルダー）の支持があるとしたら、どのように考えたらよいのか。というのは接客労働では管理者・労働者・顧客の三者が一方と協調しつつ他方と対立するなど、製造業を前提とした資本・賃労働関係では説明しきれなくなっており、管理者＋顧客と労働者が対立する可能性さえ指摘されている（鈴木和雄二〇一二）。

専門知は民衆から容易に参照できないものになってしまったが、本来は戦後啓蒙のように現実と切り結ぶ姿勢を持つものであった。昨今卒論テーマが見つからないと悩む学生は多いが、精緻化しすぎた学問が、魂に届かなくなっていないだろうか。

組織を診断する　組織を変える

組織の暴走を論じた数少ない例が沼上幹（二〇〇九）の研究論文である。言及された多数の事例と理論を要約するのは難しいが、一つの論点として組織の暴走は（暴走か英断かその時点ではわからない）部分的無知が原因となって、暴走する人とそれを傍観する人の相互作用から発生し、これを防ぐには深い思考が展開できる社内のコア人材の力量が必要であることが挙げられている。組織の危険信号に気づき動くのこのようにとても難しい。とあるリスク察知能力にたけた経営者は語る。「日揮は大規模プラントの設計から工事まで一括で請け負う事業が主力…これはリスク管理がすべてと言ってもいい。…現場を自分の目で見て話を聞き…この時点でこうなっているはずだというイメージ…との差を見つけ…短時間で問題点を把握する」（日本経済新聞二〇一八・六・二八）（注七）と意思の疎通の欠落を見ぬく。

こうしたリスクを組織風土が引き起こす場合がある。計量的・実証的にこれを指摘したのが岡本ほか（二〇〇六）による属人的組織風土研究である。「ものごとを判断する際には『事柄』と『人的要素』の両方を勘案するものだが、人的要素を重視する傾向が不自然に高いものの考え方」である属人思考が根深く浸透したものが属人的組織風土である。一九九九年に起こったＪＣＯ臨界事故は管理する側の組織風土に原因があったとされ、岡本らはその分析を行い提言は第二期科学技術基本計画（二〇〇一〜二〇〇五）に結実した。しかし変われない組織も多く、その構成員へのメッセージには悲観的なトーンさえ漂う。「このような場合やるべきことはきっちりとこなし」「風土を改善したいという気持ちを持ち続け」「そこにとどまるのが正しい選択ではないだろうか やがて世代交代を迎え属人風土の危険性を十分に理解している人たちがリーダーシップをとるようになれば それだけ安全性を高めることにもつながる」（岡本ほか前掲書）と最後は運任せになるしかない。

岡本（二〇〇八）は経営層向けの講演で言う。本社の幹部はリスク察知のためつねに職場の雰囲気に注意を払う習慣が望ましい。その雰囲気の中に部署に葛藤があるかなど多くの情報が隠れているからである。たとえば中間管理職の行動に微妙なアンバランスがないか・中間管理職の自分への視線に怒色がこもっていないか、などである。

岡本の議論は人間への考察が深いが、そこまでの気遣いを持つ幹部が思い切った施策を断行するのは難しかろう。また組織に歪みがあっても構成員は抵抗せずに合わせるのは処世の常識であって、与えられた環境の中で自己実現の条件を引き出していくものではないか。

組織風土に偏りがある場合、構成員のふるまいはどのように変わるか、六〇年代にはそのような問題意識は残っていたと思われる。たとえば現状の診断と介入のための理論として当時小集団研究と呼ばれたグループダイナミクスがあった。よく引用されるアッシュ（一九五九）の実験では、多数の成員で圧力を加えた場合、屈しないひとと、多数の圧力に屈したひとが分かれた。屈したひとは知覚の歪みまで示したひと・知覚は正しいが判断の歪みを示したひと・知覚も判断も正しいが表面的な行為だけを同調させたひとに分かれた。さらにこの実験から三人以上になると小集団は抵抗力が強まることが判明したという。時代背景を反映して、この実験を紹介した青井は「逸脱者こそ集団変革の萌芽」と述べる（青井一九六二）。

今日先述の研究的叙述から専門的に学ぼうとすればどのような分野があるだろうか。まず経営学には経営組織論（組織論）があり、人的資源管理論もある。前者はさらに組織文化・組織学習、組織デザイン、組織行動などに分かれ専門研究は精緻を極める。またグループダイナミクスを生み出した社会心理学も重なる分野が多いが、社会心理学者の山岸俊男（一九九〇）は述懐している。「研究の質や量を考えれば」大きく進歩しているが「筆者は社会心理学の現状に失望しています。…そこには、個人と社会とを結びつけようという、かつての社会心理学を駆り立てていた壮大な『野心』のかけらも残っていません」と。

人権という視点　属人的組織風土研究の成果に対して、企業担当者から「こんな研究はおかしい」という感想が寄せられるという（岡本ほか二〇〇六）。管理者のネガティブな部分を取り上げて追及するとは不穏ではないかという異議だろうか。かつて組織問題と言えば政治運動絡みの対立から分裂まで含んでいたが、今日の組織論は感情を持つはずのメンバー像を捨て無色透明な企業活動に抽象化し、どのようにして指示を末端まで効率的に届けるかのマニュアルになってしまっているかのようだ。

労災（精神障害）の請求件数は毎年増大しており二〇一七年度には一七三二件、認定件数は五〇六件に達している。組織の健全な運営をすることが利益の最大化につながるという視点もまた、利益に支障をきたすから人権を保障すべしと転倒する危うさが懸念される。かつて議論された労働の人間化のような視点が育たないのはなぜか。

混乱をきたした組織はどのように修復されていくのか手がかりを探しても、定式化を志向した研究的叙述は意外に少ない。混乱が主題ではないもののボトムから組織を見たものとして、ＯＬにインセンティブが浸透せずある面で主導権を取られる現象はなぜ起こるか解明し、その優位性が境遇の再生産を招くと説く小笠原祐子（一九九八）のパワーゲーム観が動態的であるが、刊行後だいぶ経つ。管見の限りでは経済学者ハーシュマンの参入・退出理論にまで言及した太田肇（二〇一九）のアプローチの視野が規範的で広いように思われた。

諸学がこのような問いかけに答えないのは、今日では組織をボトムから見るニーズがないのかも知れない。何でもないよ、気にしてないよと地べたから埃を払って何度も立ち上がるほどに、民衆は強いレジリエンス（復元力）を持つかのようである。

（大沼穣）

（注一）会社と社員の相互期待（心理的契約）の不履行が問題となる。「従業員の我慢は気付かれぬ重要な経営資源であるが、賃金上昇の停滞や人材育成の機会と投資の減少によって、会社への満足度や経営者への信頼が低下する」守島基博（二〇一〇）『人材の複雑方程式』より要約。

（注二）「検証東芝危機　不正の温床二」

（注三）大抵出典のないままウェルチの金言として普及しているが、二〇〇〇年のGE社の年次報告書の株主あてメッセージに記載されている。マネージャーに不適な理由はオープンでインフォーマルで信頼に基づく文化を破壊するからという。“GE 2000 Annual Report” (https://www.ge.com/annual00/letter/page3.html)

（注四）「会社人生は『敗北主義』で構わない」

（注五）「人間発見　資生堂社長魚谷雅彦　誰かが見ていてくれる　一」

（注六）「私の履歴書　コマツ相談役坂根正弘氏　一七」

（注七）「私のリーダー論　日揮　石塚忠社長・上」

本稿は門外漢の狭い知見を反映した引用のパッチワークに過ぎない。とは言え社会系の研究は精緻化しすぎて、日々の問いと切り結ばなくなってしまった。たとえばかつて開発経済学者ハーシュマンは商品不買から党内闘争まで、人間行動を一望する壮大な理論を作り上げたが、計量に基づくエビデンス万能の今日では敬遠されているようにも見える。冒頭にホワイトハウスの挿話を述べたが、ハーシュマンは異議あるアメリカ高級官僚の進退にまで言及している。人権とディーセントワークを重視した組織論を筆者は探し続けている。

農家の豊かさと農村女性の暮らし

農村婦人たちの生活改善活動　二〇一七年から筆者は、出身地である三重県伊賀地方の農村で、生活改善活動に関する調査をしている。敗戦直後の日本の農村では、カマド改善や栄養指導、虚礼廃止といった生活様式の合理化を目指す活動が、婦人らの組織（「生活改善グループ」、略して「生改グループ」と呼ばれた）によって進められた。当時の経験者に聞き取り調査をして、どのような経緯で運動に参加したか、家族ほか周囲の反応はどうだったかなどを尋ねている。

ここで生活改善活動と呼ぶ動きは、次の諸事象を含んでいる。農林省（当時）が一九四八年に始めた生活改善普及事業の下、全国各地に派遣された生活改良普及員の指導で実現した生活改善運動、一九五〇年に生まれた新生活運動協会が、虚礼廃止や国土美化を国民に訴えた新生活運動、そして一九五五年から日本食生活協会が、全国都道府県に食生活改善推進協議会を設置し着手した料理伝達講習が、主な例にあがる。このように複数機関による多彩な事業が同時期一斉に現れたが、それらはいずれも同じ目的を有していた。「農家生活の合理化」と「農村社会の民主化」である。前者は、迷信を否定し、科学に裏打ちされた合理的な生活様式を普及させることであり、後者は、因習を打破し、従来蔑まされてきた女性の地位を向上させることである。

筆者が調査をしている地区（平成大合併前の三重県阿山郡大山田村大字S、現在は同県伊賀市S地区）では、地元の地区婦人会（大合併前に大字単位で組織されていた）が生改グループとして機能していた。実際におこなったのは、害獣（ネズミ）駆除と料理伝達講習である。かつてのグループ・メンバーで現在八一歳になる女性が、料理伝達講習がどのようなものであったかについて説明をしてくれた。この地区では、講習は一九六〇年代初頭に始まったようである（記録が残されていない）。月に一回保健所で開かれ、地区婦人会のリーダーがそれに通った。派遣された栄養士からレシピを習い、講習後速やかに地区公民館に婦人会の一般会員を集め、習った料理を再現する形で伝達をする。安価で栄養価の高い食材を効率よく使い、美味しい料理が作れるようになり、とても有意義だったと、嫁入り直後の一九六九-七一年に婦人会リーダーとなり、伝達役をこなしたその女性は当時を懐かしむ。今でも印象に残るのは、当時安価だったサバを頻繁に用いたことである。カレーやコロッケといった洋食メニューで使うことに驚きを覚えた。しかし一九七三年以降この地区では、婦人会リーダーが講習に行くのを止めた。聞くと他の地区でも、大体同じ頃から、婦人会から受講者を出さなくなったそうである。するとやがて講習自体も終了した。高度経済成長が終わろうとしていた当時、村人の食生活はかつてないほど豊かになっていた。講習は役目を終えたのである。

賃金労働という改善戦略

一方で、地区の女性たちの中には、生活改善活動にコミットしなかった者もいた。調査を進めていく中で明らかになったことのひとつとして、婦人会メンバーではあるが、生活改善活動に関わらない人々の存在があがる。その頃当地では、各世帯から既婚女性一名が地区婦人会に加入するのが決まりであった。つまり地元の成人女性はおしなべて婦人会会員となり、害獣駆除や料理伝達講習に取り組まないといけないのだが、実際には、出てこない者が少なからずいた。先にあげた聞き取り相手の女性によると、その大きな理由のひとつは、工場での賃金労働である。

調査をしている農村では、一九五〇年代末から工場誘致を進め始めた。そして六〇年代後半あたりから、有名スポーツ用品メーカーはじめ複数企業の工場が稼働していった。特にこのスポーツ用品企業の工場は規模が大きく、たくさんの村の女性たちが、水着ほかウェアをミシンで縫製する従業員として雇用されていた。社名と企業ロゴのはいったマイクロバスが各地区を回って従業員を送迎した。S地区では六〇年代当時約三〇世帯あり、婦人会メンバーは二〇名ほどだったが、そのうち四名がこの工場で働いていた。それ以外にも、機械部品の金型を作る工場や木材製材所などで、パートあるいは正社員で働く人、内職労働に勤しむ人もいた。

工場での賃金労働に就いていた婦人会会員は、就いていない者たち、すなわち専業主婦の会員よりも、活動へのコミットメントは明らかに弱かった。そしてその理由は「外の仕事で忙しかったから」だとインタビューで件の女性は教えてくれる。彼女を含め専業主婦組のメンバーたちは、活動に消極的な賃金労働組のことを面白く思わない。この女性も例外ではなかった。「あの人らとのつきあい、ゼーンゼン」自ずと両者のあいだには、互いに敬遠しあう空気が形成されていった。両集団の社交は希薄化し、それがかえって賃金労働組の活動への関わりを阻んでしまうという一種の悪循環ができてしまった。

ただしここで、生活改善活動のそもそもの狙いに即してこれら一連の事態を改めて検討してみると、賃金労働がかつての農村女性たちにとり、貴重な経験であったことが浮き彫りとなる。村の多くの女性は当時、家計を助けるために工場で働いた。時折しも高度経済成長期で賃金が上昇し続け、農業よりも効率的な「稼ぎ」として彼女たちは懸命になったに違いない。また各家庭ではクルマや家電製品へのあこがれを強め、実際に各家は次々と、これらの耐久消費財を手に入れていった。それが可能になったのも、やはり賃金労働の機会があったからであろう。つまり、物質的豊かさの追求・実現に資する形で、賃金労働組の女性たちは生活の合理化・効率化に貢献したのである。

だが、工場で働く女性たちは、婦人会での生活改善活動に消極的だったところがあり、専業主婦組の反感を買っていた。そこで賃金労働組女性らは、勤め人ゆえ婦人会での活動に時間と労力を割けないとの理由をあげ、それは村人のあいだで周知されてもいた。しかし理由はより複雑と思われる。加えるに、婦人会加入者は生活改善活動に参加しないといけない、またそもそもの話として婦人会加入が強制的であることへの反感が、彼女たちを消極的にさせたのではないだろうか。仮説の域を出ないが、賃金労働組の女性たちは、婦人会活動に伴う理不尽な因習から、自らを解放させたかったのかもしれない。これはある意味、ムラの人間関係をめぐる民主化を意味するだろう。ただしこのロジックにはひとつ大きな問題が残される。婦人会に蔓延る因習から女性たちを解放する契機だったとされる賃金労働、これを果たして女性たちは主体的に選択していたのか。仮に舅・姑・夫から強制されて就いたのであれば、それは反民主的な事態であり、解放の契機などといえない。この点は今後調べてゆきたい。

限界集落に生きる　一八八九年の明治の大合併時、地区には三九世帯、約二〇〇人が暮らしていた。それが二〇一六年現在、二七世帯六七人となっている。住民票があっても通常不在の人もおり、当地は過疎化が進んでいる。高齢化率は四十九・八パーセントで「限界集落」といってもいい。住民からも「ここは限界集落やから」との声が聞こえる。生活改善活動を経験した女性たちは今やみな七十五歳以上の後期高齢者で、その子どもたちの多くは、大阪などの大都市、伊賀市中心部や名張市といった近隣都市部に居を構えている。後継者を欠き、老夫婦や独居高齢者ばかりのこの山里では、耕作放棄されて雑草が生い茂る田畑が家々を囲み、線香林が山を覆う。伝統行事は継続不能の一歩手前である。S地区では毎年小正月の一月一四日に「どんど焼き」（地域によっては「左義長《さぎちょう》」とも呼ばれる）をしている。かつてどんど焼きの準備は子どもたちの役目であった。冬休みになると、小学生が班を作り、家々を回ってワラや薪を集める。そうして高学年リーダーの指揮のもと、土を掘り、柱となる大竹を立て、周りに薪・ワラを据えて荒縄で全体を囲むように縛りつけて完成（筆者もリーダー経験をもつ）。それが二〇〇〇年代あたりから子どもがいなくなり、大人たちが代わって準備をするようになった。生活改善活動に取り組んだ世代の子どもたちが、ムラを離れてしまった結果である。だが、代わってどんど焼きの担い手となった大人たちは今みな老人ばかりである。次々と他界していってもいる。現在、どんどの廃止が話し合われている。

　人声のしない、静まり返ったこの地で、高齢女性たちは年金と子どものサポートで生計を立てている。しかし、自家消費分の野菜づくりや園芸に精を出すその姿は、朗らかさに富み、悲壮感はみられない。それは、かつて生活改善活動に積極的に取り組んだ専業主婦組も、そして賃金労働組も同じである。生活改善活動に取り組んだ専業主婦組女性たちは、活動終了後はお寺の本堂を拠点にカラオケサークルを結成して親睦を維持した。そして現在、サークルの経験を経て彼女たちは、自らが育てた野菜や草花の出来栄えを見せ合い、穫れた野菜や咲かせた花を互いに贈り合う。贈られた野菜は料理となって返礼に供されることもある。比較的元気な者が、病気に伏せる者や動きにくくなった者の食事を提供する。かような贈与と反対給付のネットワークの背景には、生活改善活動がある。アメリカの社会学者タルコット・パーソンズの言葉を借りると、生活の合理化とムラの民主化を目的とする「道具的（インストゥルメンタル）」な実践であった生活改善活動は、贈与と反対給付のネットワークという、実践それ自体に意味のある「自己充足的（コンサマトリー）」な動きの生成に寄与したのである。

　一方で賃金労働組だった女性らはどうかといえば、やはり土いじりを楽しんでいる。勤めていた頃に舅・姑ほかが耕してくれていた畑を耕している。子どもたちを独立させ、退職をし、（義）父母を看取った後、彼女たちにできることは土いじりぐらいしかない。しかし若い頃にノウハウを得なかったのではじめはうまくできない。そんな彼女たちを見かねて百姓仕事を指南したのが、かつて疎遠な関係にあった専業主婦組である。こうして賃金労働組は贈与と反対給付のネットワークに招き入れられ、生きがいを得たのであった。インタビューでインフォーマントの女性は、このような現在の自分たちの姿を楽しそうに教えてくれた。変貌する戦後の農村社会で、女性たちはそれぞれ異なる方向で豊かさを追求した。そして現在、かつての頑張りの遺産のもとで生きがいを分かち合っている。

（坂本真司）

今後地方社会では次々と集落が消滅すると、識者やマスコミが危惧を示している。だが一方で、都市に暮らす若者が、過疎の村に移住するケースが様々に紹介されている。たとえば、熊本県南阿蘇村に暮らす四一歳男性はかつて大都市で広告会社の営業マンだったが、三十歳の時に移住、農業を始めた。葬式に行くいかないの判断など、最初は近隣との距離感に悩んだが、村人の気遣いも得て徐々に馴染んでいった。二〇一六年の熊本地震では、消防団員として救助活動に励み、住民から一層の信頼を得た（二〇一八年三月二十九日付「西日本新聞」記事「地域に溶け込み『ここが居場所』に　南阿蘇で土と生きる」）。皆さんはこの男性の生き方をどうとらえますか？

巡礼

旅と自転車

私たちは旅を好む。私たちの内には、山を越え地の果てを目指す旅心が宿る。川や谷に橋を架け、トンネルを掘り、滑らかに舗装された道路は、行楽や旅行を目的の一つとして発達してきた。

近ごろ、街中や郊外の道を、軽快なスピードで走り抜ける自転車の姿を目にすることが多くなった。私たちの旅心を満たす、昨今のサイクリング事情を、自転車乗りの視点から探る。

サイクリング今昔　いつしか、自転車で琵琶湖一周することを「ビワイチ」と呼ぶようになっている。淡路島一周なら「アワイチ」である。おそらく、京都・大阪の自転車乗りたちが「ビワイチ行こか」「ビワイチ行って来たで」と言い始めて、広まったのだろう。ロードバイクのブームに期待を寄せた滋賀県は「ビワイチ推進室」を設置して、お墨付きを与えた。実に画期的である。

琵琶湖をぐるっと一周すると、その距離は約二〇〇キロメートル。いまでこそ、水際の湖周道路を快走できるが、かつては、内陸の旧街道や国道を巡ったという。まずは、先人たちの、想い出を聞いてみよう。

一九五一年頃の記憶を語るMさん（女性）は、現在八七歳で滋賀県安土の出身。

彼女は二〇歳頃に、琵琶湖の周囲を二度に渡り巡っている。旧制女学校の二年生で、母親と死別した彼女は、片親という理由で就職できなくなり、不遇な青春を送ったそうだ。女友だちと京都に出かけては、遊び歩いたという。そして、京都駅で一夜を過ごそうとしたとき「鉄道公安の久米さんという人から、京都ばかりに遊びに来なくても、滋賀県には良いところがいっぱいあるから、自転車で回りなさい」と指導を受けた。

言葉に従った彼女たちは七、八人で、自転車にお米を積んで三、四日かけて県内各地を巡ったという。ガタガタの砂利道を走り続けてお尻が痛くなると、自転車を押して路肩の柔らかい草の上を歩いたそうだ。お寺に頼んで泊めてもらい、皆で一緒にお風呂を沸かして、ご飯を炊いた。おにぎりを握り、お昼のお弁当にしたという。

彼女は「自分の脚を動かして、色々な所を巡ったことは一生の想い出。人の世話になり、人のありがたさを感じた」と振り返る。その行動は、彼女が就職して社会生活を送る転機になったそうだ。

一九五三年に、公立中学校の行事で琵琶湖を巡ったMさん（男性）は、八十歳で滋賀県草津の出身。

その行事は、校長の教育方針で、夏休みに行われたという。彼が参加した年は、対象となる三年生約一六〇名の中から、希望者三〇人ほどが参加したそうだ。彼は「毎年行われていたこの行事に興味があり、三年生になったら参加したいと思っていた」という。二泊三日の行程で、校長が自転車で先頭に立ち、教師数名と自転車店の店長さんも伴走したという。休憩や宿泊は、先々の小・中学校や高校に手配され、運動場で飯ごう炊さんをして、講堂で眠り、琵琶湖の水泳場で泳いだそうだ。「私たちは、子どもの頃から琵琶湖で舟を漕ぎ、自転車で遠くまで買い物に出かけていたので、体力に不安はなかった」と懐かしむ。彼は後年、中学校の教師となり、校長を務めた。

一九六七年の体験を語るSさん（男性）は、現在六十八歳で滋賀県彦根の出身。

彼は、高校二年生の夏休みに、琵琶湖の北湖を一周した。きっかけは、陸上部の友人に誘われたからだ。「学校で、誰かが自転車で琵琶湖を一周したという噂を耳にしていた。自分の脚力を確かめたかった」という。二人で、早朝五時に彦根をスタートして、正午には対岸の近江舞子に到着。午後一時過ぎに琵琶湖大橋を渡り、夕方四時に帰宅している。「思ったより楽に走れた。琵琶湖の偉大さと、美しさに感動した。」しかし「狭い国道でダンプカーに追い抜かれる時と、賤ヶ岳の暗くて長いトンネルでは恐怖を感じた」と語る（北湖は一周約一五〇キロメートル）。

この三者三様の体験から、戦後の一時期、未舗装だった琵琶湖周囲の道を、若者たちが実用（自転）車で遠乗りを楽しんだ様子がうかがえた。その後、道路が舗装され、交通量の増大によるサイクリングの危険度が増しても、琵琶湖一周にあこがれる地元の青少年が少なからずいたことも分かった。

筆者は、一九七六年に十九歳で、その体験をしているが「かつて、自転車による琵琶湖一周は、地元青少年にとって〝通過儀礼〟の役割を帯びていた」と評したい。

聖地への巡礼　さて、その琵琶湖を抱える滋賀県の知名度は大変低い。和牛三大ブランド（神戸・松坂・近江）の一つに数えられるが、陰が薄い。なにせお隣が、世界に冠たる観光都市「京都」だから、勝ち目はない。それが、滋賀県が「ビワイチ」に反応する理由でもあろう。

古くから近江の国は、東海道や中仙道を始めとする街道が発達し、その宿場は多くの人馬で賑わっていた。北陸・東国からもたらされた米や物資を、船で大量輸送する琵琶湖の水運も盛んで、大津は内陸都市京都の東の玄関口として、港町として栄えた。そして近江は、全国から巡礼者たちが目指した西国三十三カ所霊場を有する聖地であり、近江八景は天下の名勝であった。

やがて近代の幕が開き、都が東京に移ると、京都の地盤沈下を恐れる人たちが、一大プロジェクトを立ちあげた。琵琶湖の水を、京都に引く琵琶湖疏水の掘削である。起死回生の計画は、水力発電所まで組み込んで完成した（一八九〇年に第一疏水、発電所は翌年完成）。水の供給だけではなく、発電した電力で電気鉄道まで走らせた。

先進的なインフラ整備は、欧米にも知れ渡り、京都と琵琶湖疏水を視察するために、各国の要人が次々と訪れた（その時、京都と風光明媚な琵琶湖は一体の観光地であったという）。その好ましい見聞が、いまなお京都へ観光客を引きよせる理由の一つともされている。ちなみに、司法史に残る「大津事件（一八九一年）」は、京都を訪問したロシア帝国の皇太子が、琵琶湖観光に脚を伸ばしたことで起きた。

話を「ビワイチ」に戻そう。増え続ける観光客に、京都市内のホテルや旅館が対応できないと、周辺部に宿が求められる。その結果、京都観光の人たちが、眠るためだけに、滋賀県内の宿泊施設にやって来るようになった。この状況を看過できない滋賀県は「琵琶湖一周を目指すサイクリスト」に目を付けたのである。

もくろみはこうだ。サイクリングは、エコで健康的で時流にかなう。琵琶湖の環境に、あまり負荷をかけずに済むだろう。琵琶湖と滋賀県の観光資源を活かしたい。国内だけでなく、海外のサイクリストにも発信して、滋賀県にゆっくり泊まってもらおう。しかし交通事故や人身事故は心配だから、自転車保険への加入を義務化しよう。よし「ビワイチ」に乗っかろう。琵琶湖を、サイクリストの聖地にしよう。

すでに、本州と四国をつなぐ「しまなみ海道」は、サイクリストの聖地化を果たしているという。

巡礼の風景　自転車を愛好する人たちは、路上ですれ違うときや、追い抜くときに挨拶を交わす。危険な状況でない限り、片手を軽く上げたり、手先を振ったり、ピースサインを出してから、少し会釈して、笑顔を見せる。さらに言葉を交えるとそのバリエーションは豊富である。

路上でのサインは、相手によって微妙に調整される。長年、自転車に乗っていると、近づく仲間の力量や経験年数を瞬時に見分ける能力が備わる。尊敬の念を抱くような自転車乗りとすれ違うときは、心の中で頭を下げる。

話が時代劇の道中のようになったが、実際にそうなのだ（修験者の聖地である大峰山へ参詣すると、案内役の先達さんから、行き交う人と「ようお参り」と交わす挨拶の作法を教わる。また、京都の火伏せの神として信仰を集める愛宕山に登ると、老若男女のだれもが「おのぼりやす」「おくだりやす」と自然に声を掛け合う）。

ひるがえって、いまの都市近郊の公共交通機関の車内では、体臭が気になる接近を強いられても多くの人は無表情を保つ。身体が不自然に捻れて痛いほど押しつけ合っても、私たちは我慢して声を押し殺す。

だが、道を往来する自転車乗りたちが挨拶を交わし、地元の人に通行の感謝を示す礼儀は、サイクリングの文化として伝えられてきた。サイクリストたちは、街道を行く旅人であり、聖地を訪ねる巡礼者の末裔なのだ。

この時代、サイクリングに現世利益を求める人は、ダイエット効果を期待して始める。精神的ストレスを感じている人は、心の洗浄効果を知り、乗り続けるだろう（いそがしい日常の中で、たとえ半時間でも自転に乗り、頬と首に優しい風を感じることで心身が軽くなり、発想の転換が生じることがある。私はその現象を「心の脱皮」と称している）。そうして、旅心を忍ばせて人生に自転車を根付かせると、いつしか巡礼者の装束を身にまとう自らに気付くのである。

旅人の視座　まず、住む街を離れてみよう。ゆっくりと街が遠ざかるにつれ、世界の見え方が変わり始める。その移動の方法として自転車に勝るものは無いと思う。何よりも、視野を規定する窓枠が無いことが好ましい。

自力で移動して、山の上や堤防から、街の姿を俯瞰すると、その姿はまぎれもなくヒトのコロニーだと気付かされる。日々の視点を変えることによって、人間が作り上げている社会の外形を確認することができる。

コロニーの形成に関わることで生活の糧を得て、なおかつ息苦しさを感じている人にこそ自転車の旅を勧めたい。

心のおもむくままに道を選び、たどり着いた所で雲や海や山を眺め、鳥の声に耳を寄せていると、自分が気に入った場所にとけ込んでいく気分を味わえる。

旅心を満たした記憶は脳裏に刻まれ、あなたのこれからの生き方に作用するかもしれない。

（外村孝一郎）

自転車の旅は魅力的だ。しかし、路上をクルマと並走する現状は常に危険と隣り合わせ。命がけだ。それは、サイクリングを巡礼になぞらえた理由でもある。

いつか滋賀県が本気になって「ビワイチ」モデルとされるような、人にも自転車にも優しい道路網が琵琶湖の周囲に整備され、滋賀県が困るほどのサイクリストが押し寄せてくる日を夢見ている。

《参考文献》

★は執筆者推薦書（コメント付き）

戦争のオーラル・ヒストリー

★大門正克（二〇一七）『語る歴史、聞く歴史―オーラル・ヒストリーの現場から』岩波新書（筆者の背中を押し支えてくれた一冊。オーラル・ヒストリーの展望を広げる）
ジョー・オダネル（一九九五）『トランクの中の日本　米従軍カメラマンの非公式記録』平岡豊子訳、小学館
那須正幹（二〇〇四）『広島お好み焼き物語』ＰＨＰ研究所
松沢哲郎（二〇一八）『分かちあう心の進化』岩波科学ライブラリー

SEKAI NO OWARIの楽曲からの一考察

ＮＨＫ放送文化研究所（二〇一五）『現代日本人の意識構造［第八版］』ＮＨＫ出版
小熊英二（二〇〇九）『１９６８』新曜社
本田由紀（二〇〇九）『教育の職業的意義――若者、学校、社会をつなぐ』筑摩書房
見田宗介（［一九六五］二〇〇四）『現代日本の精神構造』弘文堂

自治会活動の揺らぎ

★鳥越晧之（一九九四）『地域自治会の研究』ミネルヴァ書房（自治会の内容を歴史的プロセスから分析した大著）
新しいコミュニティのあり方に関する研究会（二〇〇九）『新しいコミュニティのあり方に関する研究会報告書』総務省

菊池美代志（一九九〇）「町内会の機能」倉沢進・秋元律郎編著『町内会と地域集団』ミネルヴァ書房、所収
総務省（二〇一四）『今後の都市部におけるコミュニティのあり方に関する研究会報告書』
田中重好（一九九〇）「町内会の歴史と分析視角」倉沢進・秋元律郎編著、前掲書、所収
中川剛（一九八〇）『町内会』中公新書
日本都市センター編（二〇一四）『地域コミュニティと行政の新しい関係づくり』日本都市センター
森裕亮（二〇一五）「地域における自治会の役割とその担い手」『都市問題』第一〇六巻第五号、後藤・安田記念東京都市研究所

インターネットによる生活の再編

★松岡真宏・山手剛人（二〇一七）『宅配がなくなる日 同時性解消の社会論』日本経済新聞出版社（時空認識の変容に経営コンサルタントが正面から挑んだ力作）
依田高典（二〇一八）「行動経済学を読む 第三回 無料という甘い罠」『書斎の窓』七月号、No.六五八
エコノミスト「特集 もうかるシェア経済」二〇一七・八・八
NTTデータシステム科学研究所（二〇〇五）『インターネット社会の一〇年：新しいインフラで変わる生活、変わる社会』
樺山紘一（二〇〇〇）「時代の進歩か循環か―序にかえて」、同編『新・社会人の基礎知識一〇一』新書館、所収
加谷珪一（二〇一六）『新富裕層の研究――日本経済を変える新たな仕組み』祥伝社
アンソニー・ギデンズ（一九九三）『近代とはいかなる時代か？ モダニティの帰結』松尾精文・小幡正敏訳、而立書房

金 明中（二〇一六）「海外や日本におけるクラウドワーカーの現状や課題 新しいワーキングプアや貧困・格差の拡大を防ぐ対策の実施を」『ニッセイ基礎研所報』Vol. 六二

アルフレッド・W・クロスビー（二〇〇三）『数量化革命 ヨーロッパ覇権をもたらした世界観の誕生』小沢千重子訳、紀伊國屋書店

佐伯靖雄（二〇〇八）「イノベーション研究における製品アーキテクチャ論の系譜と課題」『立命館経営学』第四七巻一号（同年五月）

内閣府経済社会総合研究所（二〇一八）「シェアリング・エコノミー等の新分野の経済活動の計測に関する調査研究報告書」

野口真（二〇〇〇）「グローバル化する資本主義のジレンマ―世紀転換点から見えてくる二一世紀の課題」『アソシエ』（四）

松岡真宏（二〇一四）『時間資本主義の到来 あなたの時間価値はどこまで高められるか？』草思社

“それ”から目を逸らせるか、向き合うか？

中島義通（二〇〇七）『死を哲学する』岩波書店

宮下洋一（二〇一七）『安楽死を遂げるまで』小学館

鷲田清一（二〇〇八）「『弱い者』に従う自由」鷲田清一・内田樹『大人のいない国―成熟世界の未熟なあなた』プレジデント社、所収

堅苦しさのなかで

★チャールズ・ローゼン（二〇〇九）『ピアノ・ノート』朝倉和子訳、みすず書房（クラシック音楽ビギナーの疑

問に答えてくれる。音色と音楽の本質を解明する）
★中村明一（二〇一〇）『倍音』春秋社（音響、言語、身体、音楽について従来の音楽研究とは違った視点をもつ。目から鱗の驚きがある）
★アドルノ（一九七一）『不協和音』三光長治、高辻知義、目黒三策共訳、音楽之友社（音楽論の古典的名著として有名。副題は「管理社会における音楽」で先鋭的な音楽社会論である）
青柳いづみこ（二〇〇九）『指先から感じるドビュッシー』春秋社
A・グゼリミアン編（二〇〇四）『バレンボイム／サイード音楽と社会』中野真紀子訳、みすず書房
ジャン・ル・ロン・ダランベール（二〇一二）『ラモー氏の原理に基づく 音楽理論と実践の基礎』片山千佳子・安川智子・関本菜穂子訳、春秋社
セルジュ・チェリビダッケ（二〇〇六）『チェリビダッケ音楽の現象学』石原良也・鬼頭容子訳、アルファベータ

専門知は組織を修復できるか

青井和夫（一九六二）「小集団の構造と機能」青井和夫・綿貫譲治・大橋幸『集団・組織・リーダーシップ（今日の社会心理学3）』培風館、所収
小笠原祐子（一九九八）『OLたちの〈レジスタンス〉サラリーマンとOLのパワーゲーム』中央公論新社
岡本浩一・鎌田晶子（二〇〇六）『属人思考の心理学 組織風土改善の社会技術 組織の社会技術 三』新曜社
岡本浩一（二〇〇八）『ナンバー2が会社をダメにする「組織風土」の変革』PHP研究所
太田肇（二〇一九）「パワーハラスメントとは 組織論の見地から」『ジュリスト』同年四月
江弘毅（二〇一〇）『ミーツへの道「街的雑誌」の時代』本の雑誌社

ジェームス・コミー（二〇一八）『より高き忠誠 真実と嘘とリーダーシップ』藤田美菜子・江戸伸禎訳、光文社
鈴木和雄（二〇一二）『接客サービスの労働過程論』御茶の水書房
田井郁久雄（二〇一八）『前川恒雄と滋賀県立図書館の時代』出版ニュース社
永田稔（二〇一六）『非合理な職場 あなたのロジカルシンキングはなぜ役に立たないのか』日本経済新聞出版社
沼上幹（二〇〇九）「組織暴走の理論」『経営戦略の思考法 時間展開・相互作用・ダイナミクス』日本経済新聞出版社、所収
服部泰宏（二〇一三）『日本企業の心理的契約 増補改訂版 組織と従業員の見えざる約束』白桃書房
丸山真男（一九九二）『忠誠と反逆』筑摩書房
山岸俊男（一九九〇）『社会的ジレンマのしくみ「自分1人ぐらいの心理」の招くもの（セレクション社会心理学、一五）』サイエンス社

農家の豊かさと農村女性の暮らし

大野晃（二〇〇八）『限界集落と地域再生』京都新聞出版センター

旅と自転車

★疋田智・小林成基（二〇一四）『自転車道交法BOOK』枻（えい）出版社（自転車は、どこをどう走れば良いのか。自転車界の論客が、日本の苛酷な道路事情をさまざまな具体例で紹介し、命を守るノウハウを示す）
稲垣竜興（二〇一五）『大学土木　土木工学』オーム社
滋賀県観光交流局ビワイチ推進室（二〇一八）『ぐるっとびわ湖サイクリングマップ』滋賀県
田村喜子（二〇〇二）『京都インクライン物語』山海堂

石毛　弓（いしげ　ゆみ）

2. 大手前大学現代社会学部. 3. University of Durham. 4. 西洋哲学　5. 『マンガがひもとく未来と環境』（清水弘文堂、2011年）

久木　一直（ひさき　かずなお）

1. 1952年　2. 大手前大学メディア・芸術学部　4. 彫刻　5. 彫刻作品「流木蒐めのペテロ』（大阪税務大学校、1991年）、『ブコさんの優雅な一日』（東野法律事務所、2011年）

坂本　真司（さかもと　しんじ）

1. 1968年　2. 大手前大学現代社会学部非常勤講師　3. 同志社大学大学院文学研究科修士課程新聞学専攻修了　4. 社会学

執筆者一覧（掲載順）

1. 生年　2. 所属または履歴　3. 出身校　4. 専門分野　5. 主な著作創作　6. 最近の関心事　より任意　四項目以上

外村　孝一郎（とのむら　こういちろう）

1. 1956年　2. 外村鍼灸治療院　3. 明治鍼灸短期大学　4. 東洋医学

中川　和亮（なかがわ　かずあき）

1. 1971年　2. 大手前大学学習支援センター　3. 関西学院大学大学院社会学研究科博士課程後期課程単位取得満期退学　4. メディア文化　5.『ライブ・エンタテインメントの社会学』（五絃舎、2017年)、『リレーションシップ・マーケティング（第２版)』（共著、五絃舎、2018年）

鈴木　利章（編者略歴参照）

石割　信雄（いしわり　のぶお）

1. 1947年　2. 元伊丹市職員、大阪市立大学大学院都市経営研究科客員研究員　3. 大阪市立大学大学院創造都市研究科博士（後期）課程　5.「『新しい公共』とThe New Public Service (NPS)」（『創造都市研究』第14号、大阪市立大学創造都市研究会、2013年）
6. 住民参加が創造的な都市政策に与える影響

大沼　穣（おおぬま　みのる）

2. 大手前大学現代社会学部　3. 京都大学大学院経済学研究科博士後期課程　4. 経済学　5.『現代経済政策論』（共著、中央経済社、2005年）　6. 当シリーズ３冊は構想から10年、執筆者の時代認識も加齢し的確化したでしょうか。

【編者略歴】

神戸大学名誉教授

1937年 京都府生まれ　京都大学文学部卒、同大学院文学研究科博士課程単位取得退学、1973年英国ケンブリッジ大学クレア・ホール学寮留学　神戸市外国語大学助教授、神戸大学助教授、教授　1994-96年同文学部長、大学院文化学研究科長、2000年大手前大学教授、2002-2006年大手前大学人文科学部長

鈴木　利章

（すずき　としあき）

【著書】

『デーンロー地帯とノルマン征服』神戸市外国語大学外国語研究所、1972；『西洋史：大学ゼミナール』（編著）法律文化社、1973；『ジェントルマン・その周辺とイギリス近代』（編著）ミネルヴァ書房、1987；訳書　H・バターフィールド『ウィッグ史観批判』（共訳）未来社、1967；W. ウルマン『中世における個人と社会』ミネルヴァ書房、1970；ポール・ヴィノグラードフ『イギリス荘園の成立』（共訳）創文社、1972；J. H. プラム『過去の終焉』法律文化社、1975；ピーター・ゲイ『歴史の文体』ミネルヴァ書房、1977；R. W. サザーン『ヨーロッパとイスラム世界』岩波書店、1980；ゲオルグ G. イッガース『ヨーロッパ歴史学の新潮流』（共訳）晃洋書房、1986；H・バターフィールド『歴史叙述』平凡社、1988；『現代社会を生きるキーワード』（OMUPブックレットNo.36）（編著）大阪公立大学共同出版会、2012；『現代を生きるキーワード2』（OMUPブックレットNo.50）（編著）大阪公立大学共同出版会、2015；R.W. サザン『ヨーロッパとイスラーム世界』（訳）ちくま学芸文庫、2020 ほか多数

OMUPブックレット　刊行の言葉

今日の社会は、映像メディアを主体とする多種多様な情報が氾濫する中で、人類が生存する地球全体の命運をも決しかねない多くの要因をはらんでいる状況にあると言えます。しかも、それは日常の生活と深いかかわりにおいて展開しつつあります。時々刻々と拡大・膨張する学術・科学技術の分野は微に入り、細を穿つ解析的手法の展開が進む一方で、総括的把握と大局的な視座を見失いがちです。また、多種多様な情報伝達の迅速化が進む反面、最近とみに「知的所有権」と称して、一時的にあるにしても新知見の守秘を余儀なくされているのが、科学技術情報の現状と言えるのではないでしょうか。この傾向は自然科学に止まらず、人文科学、社会科学の分野にも及んでいる点が今日的問題であると考えられます。

本来、学術はあらゆる事象の中から、手法はいかようであっても、議論・考察を尽くし、展開していくのがそのあるべきスタイルです。教育・研究の現場にいる者が内輪で議論するだけでなく、さまざまな学問分野のさまざまなテーマについて、広く議論の場を提供することが、それぞれの主張を社会共通の場に提示し、真の情報交換を可能にすることに疑いの余地はありません。

活字文化の危機的状況が叫ばれる中で、シリーズ「OMUPブックレット」を刊行するに至ったのは、小冊子ながら映像文化では伝達し得ない情報の議論の場を、われわれの身近なところから創設しようとするものです。この小冊子が各種の講演、公開講座、グループ読書会のテキストとして、あるいは一般の講義副読本として活用していただけることを願う次第です。また、明確な主張を端的に伝達し、読者の皆様の理解と判断の一助になることを念ずるものです。

平成18年３月

OMUP設立五周年を記念して
大阪公立大学共同出版会（OMUP）

OMUPの由来

大阪公立大学共同出版会（略称OMUP）は新たな千年紀のスタートとともに大阪南部に位置する５公立大学、すなわち大阪市立大学、大阪府立大学、大阪女子大学、大阪府立看護大学ならびに大阪府立看護大学医療技術短期大学部を構成する教授を中心に設立された学術出版会である。なお府立関係の大学は2005年４月に統合され、本出版会も大阪市立、大阪府立両大学から構成されることになった。また、2006年からは特定非営利活動法人（NPO）として活動している。

Osaka Municipal Universities Press(OMUP) was established in new millennium as an association for academic publications by professors of five municipal universities, namely Osaka City University, Osaka Prefecture University, Osaka Women's University, Osaka Prefectural College of Nursing and Osaka Prefectural College of Health Sciences that all located in southern part of Osaka. Above prefectural Universities united into OPU on April in 2005. Therefore OMUP is consisted of two Universities, OCU and OPU. OMUP has been renovated to be a non-profit organization in Japan since 2006.

OMUPブックレット No.65

現代社会を生きるキーワード３

2020年３月30日　初版第１刷発行

編　　者　鈴木　利章
発 行 者　八木　孝司
発 行 所　大阪公立大学共同出版会（OMUP）
〒599-8531 大阪府堺市中区学園町１－１
大阪府立大学内
TEL　072（251）6533　FAX　072（254）9539
印 刷 所　和泉出版印刷株式会社

ISBN978－4－909933－17－1